DEUTSCHE PANZER
IM ZWEITEN WELTKRIEG

DEUTSCHE PANZER IM ZWEITEN WELTKRIEG

DR. S. HART & DR. R. HART

GONDROM

© Copyright der deutschsprachigen Ausgabe by
Gondrom Verlag GmbH, Bindlach 1998

Titel der englischen Originalausgabe:
„German Tanks of World War II"

Produktionsbetreuung
MediaCompactService Schabert, München

Deutsche Übersetzung
Jürgen Brust M.A.

Lektorat
MediaCompactService Schabert

Satz
Jan-Dirk Hansen Kommunikations Design

ISBN 3-8112-1667-8

Bildnachweis
Bundesarchiv 94, 100, 101, 106, 107, 108-109
Robert Hunt Library 32, 112, 114-115
TRH Pictures 2-3, 7, 8, 10, 12, 15, 16, 18, 19, 22-23, 24, 28, 31, 36, 37, 38, 42, 43, 44, 46, 48,
50, 51, 53, 54, 57, 58, 60, 62, 64, 66, 67, 68, 69, 70, 73, 74, 78, 80, 81, 82, 86-87, 87, 92-93,
97, 102, 110, 116, 118, 119, 124-125, 126, 128, 129, 130-131, 132, 135, 137, 138, 139,
142-143, 144, 146, 149, 157
TRH Pictures via Espadon 40, 59.

Grafiken
Aerospace Publishing 14, 40, 55, 56, 79, 90, 96, 103, 104-105, 127, 155
John Batchelor 11, 13, 20-21, 30, 35, 47, 52, 63, 65, 72, 75, 77, 98-99, 120-121, 134, 136,
151, 152, 153, 154
Bob Garwood 26, 85, 113, 122, 123, 156
Salamander Picture Library 146
Peter Sarson 140-141.

Vorhergehende Doppelseite: Panzer IV der Division *Leibstandarte* in Südrußland, März 1944.

INHALT

EINLEITUNG

Während des Ersten Weltkriegs war Deutschland bei der Entwicklung von Panzern weit hinter die Alliierten zurückgefallen. Der Versailler Vertrag von 1919 verbot Deutschland den Bau und die Beschaffung von Panzern, was den Rückstand natürlich noch weiter vergrößerte. Trotz dieser Schwierigkeiten entwickelte die Reichswehr in den 20er Jahren unter strengster Geheimhaltung einige Prototypen, die in Kasan in der Sowjetunion erprobt wurden. Zu diesem Zweck war 1926 ein Geheimvertrag mit der kommunistischen Regierung unterzeichnet worden. Nach der Machtergreifung im Jahr 1933 ignorierte Hitler die Verbote und startete ein umfassendes Aufrüstungsprogramm. Dazu zählten die Entwicklung und die Serienproduktion zweier leichter Panzer. Die Panzerkampfwagen I und II sollten als Übergangslösungen dienen, bis die mittleren und schweren PzKpfw III und IV serienreif waren.

Bei der Beschaffung dieser Panzer kam es allerdings zu beträchtlichen Verzögerungen, so daß die Wehrmacht den Polenfeldzug im Jahr 1939 in erster Linie mit leichten Panzern bestreiten mußte. Die Panzertruppe verfügte inzwischen aber auch über die wichtigen PzKpfw 35(t) und 38(t), die den deutschen Truppen bei der Annektierung der Tschechoslowakei im März 1939 in die Hände gefallen waren. Obwohl sich bereits beim Feldzug im Westen im Mai/Juni 1940 und in Nordafrika im Frühjahr 1941 zeigte, daß diese leichten Panzer überholt waren, kamen sie auch noch beim

Überfall auf die Sowjetunion im Sommer 1941 zum Einsatz, denn die Produktion der mittleren Panzer kam nicht recht in Schwung.

Der Kampf gegen die überlegenen, modernen sowjetischen Panzer sorgte endlich für frischen Wind bei der Entwicklung neuer gepanzerter Kampffahrzeuge. Schnell wurde mit dem PzKpfw V Panther und dem PzKpfw VI Tiger I eine dritte Generation mittlerer bis schwerer Kampfpanzer eingeführt. Die PzKpfw III und IV wurden mit besserem Panzerschutz und stärkeren Kanonen versehen. Schwere Panzerabwehrwaffen wurden auf vorhandene Laufwerke gesetzt, um in aller Eile improvisierte Jagdpanzer zu bauen. Das Sturmgeschütz wurde schwerer gepanzert und diente nun auch der Panzerabwehr. In der zweiten Hälfte des Krieges mußte die Wehrmacht sich mit immer mehr feindlichen Panzern auseinandersetzen und erweiterte deshalb ihren Bestand um einen neuen superschweren Panzer (den PzKpfw VI Ausf B Königstiger) und eine Reihe von speziellen Jagdpanzern (Jagdpanzer IV, Jagdpanzer 38(t) Hetzer, Jagdpanther und Jagdtiger). Daneben gab es auch sogenannte Flakpanzer für die Flugabwehr.

Trotz der hohen Qualität der deutschen Panzer lag die Schwäche im deutschen Panzerbau stets in der Tatsache, daß zu keiner Zeit eine ausreichende Stückzahl erreicht werden konnte. Während des Krieges wurden in Deutschland zwar 24.000 Panzer und weitere 20.000 andere gepanzerte Kampffahrzeuge gebaut, aber diese Zahl wurde von den Vereinigten Staaten und der Sowjetunion weit übertroffen. Die deutsche Panzertruppe hatte nie genügend Panzer, um die Überlegenheit auf dem Gefechtsfeld zu erlangen.

PANZER I

Der erste deutsche Großserienpanzer, der PzKpfw I, war eine Übergangslösung. Der Ausbildungspanzer war im Kampf nur von begrenztem Nutzen. Der kleine Panzer mit der zweiköpfigen Besatzung galt schon damals als überholt. Trotzdem wurde er in Polen und Frankreich eingesetzt. Sogar in Rußland war er zunächst dabei.

Der deutsche Panzerkampfwagen I wurde im Jahr 1932 als Lückenbüßer gebaut, in erster Linie für die Truppenausbildung, bis der noch in der Entwicklung befindliche mittlere Panzerkampfwagen III und der schwere Panzerkampfwagen IV gegen Ende der 30er Jahre in den Dienst gestellt wurden. Bis dahin brauchte das deutsche Heer einen leichten Panzer, der schnell entwickelt werden konnte und rasch und preisgünstig zu produzieren war. Deshalb beschaffte sich das Heereswaffenamt 1932 von der britischen Firma Vickers einen Carden-Lloyd-Kleinpanzer, um zu prüfen, ob das Fahrgestell für eine deutsche 20-mm-Kanone in einem rundum schwenkbaren Turm geeignet war. Das Heer führte mit diesem Kleinpanzer ausgedehnte Truppenversuche durch und stellte fest, daß das

Fahrgestell sich am ehesten für einen Turm mit einem Zwillings-MG anstelle der größeren Kanone eignete. Daraufhin erteilte das Waffenamt fünf deutschen Firmen einen Auftrag zum Bau eines fünf Tonnen schweren Ausbildungspanzers mit einem rundum schwenkbaren Turm und zwei 7,92-mm-Maschinengewehren vom Typ MG 13. Im Dezember entschied sich das deutsche Heer, den Turm und den Aufbau von Daimler-Benz zusammen mit dem Fahrgestell von Krupp weiterzuentwickeln. Krupp erhielt dann den Auftrag, drei verschiedene Prototypen herzustellen, allerdings unter der Auflage, andere deutsche Hersteller an der Produktion zu beteiligen, damit möglichst viele verschiedene Firmen grundlegende Erfahrungen im Panzerbau sammeln konnten.

Entwicklungsgeschichte
Im Februar 1934 lieferten die Krupp-Werke den Panzer LKA 1 ab, den ersten fertiggestellten Prototyp. Nach viermonatiger Erprobung war das Waffenamt mit der Konstruktion

LINKS Der Befehlswagen I Ausf B oder Kleiner Panzerbefehlswagen I bei einer Parade für ausländische Würdenträger. Dieses Führungsfahrzeug hatte anstelle des Turms einen festen Aufbau mit einem einzelnen MG.

zufrieden und erteilte Krupp den ersten Auftrag über 150 Stück. Das deutsche Heer verlieh diesen Fahrzeugen den Tarnnamen „Landwirtschaftlicher Schlepper Ausführung IA" (kurz LaS IA). Der wahre Zweck des Panzerbauprogramms mußte noch verschleiert werden, weil der Vertrag von Versailles den Bau von Panzern nicht gestattete. Das Oberkommando gab dem Fahrzeug die besondere Bezeichnung „Sonderkraftfahrzeug (Sdkfz) 101", anhand derer es sofort identifiziert werden konnte. Weitere Aufträge folgten recht schnell, und so belief sich die Produktion des LaS IA auf insgesamt 300 Stück. Das fertige Fahrzeug wog schließlich 5,4 Tonnen und verfügte über eine zweiköpfige Besatzung. Die leichte Panzerung von sechs bis 13 Millimetern bot allenfalls Schutz vor dem Feuer von Handwaffen. Das Laufwerk das Panzers hatte vier Paar Laufrollen, und der Vierzylinder-Boxermotor vom Typ Krupp M305 leistete 57 PS. Damit war auf der Straße eine Geschwindigkeit von 37 km/h möglich. Wie alle späteren deutschen Panzer verfügte auch der PzKpfw I über ein Funkgerät mit kurzer Reichweite. Gerade diese Überlegenheit auf dem Gebiet der Nachrichtenübertragung trug entscheidend zu den erstaunlichen Erfolgen des deutschen Blitzkriegs in den Jahren 1939–41 bei.

OBEN *Diese PzKpfw I und ihre Besatzungen werden nach einer Übung inspiziert. Auf dem hinteren Kettenschutz tragen die Panzer Spielkarten als Abzeichen. Der weiße Kreis auf der Turmluke des Kommandanten dient der Erkennung.*

Im Jahr 1935 wurde die Produktion auf eine leicht modernisierte Version, den LaS IB (Sdkfz 101), umgestellt. Sie basierte auf dem zweiten Prototyp von Krupp, dem LKA 2. Dieser Panzer hatte ein etwas verlängertes Laufwerk mit einer zusätzlichen fünften Laufrolle. Das deutsche Heer hatte schnell erkannt, daß der LaS IA untermotorisiert war, und demzufolge erhielt der neue LaS IB einen stärkeren Motor vom Typ Maybach NL 38 TR mit 100 PS. Nun lag die Höchstgeschwindigkeit auf der Straße bei 40 km/h. Gleichzeitig stieg aber auch das Gewicht des LaS IB auf sechs Tonnen. Das Fahrzeug wurde im Jahr 1935 bei der Wehrmacht eingeführt und an drei Panzerdivisionen ausgeliefert, die im gleichen Jahr aufgestellt worden waren.

Obwohl die Wehrmacht den LaS I eigentlich nur als Lückenbüßer und leichten Ausbildungspanzer geplant hatte, sorgten Verzögerungen bei der Entwicklung der Kampfpanzer III und IV dafür, daß die deutschen Fabriken wesentlich mehr LaS IB bauten als zunächst beabsichtigt. Der Panzer wurde insgesamt fünf Jahre lang, von 1935 bis 1939, produziert und kam bei einem durchschnittlichen Ausstoß von 25 Stück pro Monat schließlich auf 1500 Exemplare. Zwischen 1936 und 1939 wurden beide Versionen im spanischen Bürgerkrieg bei der Legion Condor zur Unterstützung der Aufständischen unter General Franco eingesetzt. Im Februar 1938, als keine Geheimhaltung mehr nötig war, benannte

das Oberkommando den LaS IA und IB schließlich in Panzerkampfwagen I, Ausf A beziehungsweise B um.

Spätere Entwicklungen

Als die Produktion des PzKpfw I Ende 1939 allmählich auslief, entwickelten die deutschen Werke zwei neue Versionen. Der PzKpfw I, Ausführung C (oder VK601), war ein leichter,

TECHNISCHE DATEN: Panzerkampfwagen I Ausführung A (Sdkfz 101)

ALLGEMEINE DATEN
Art des Fahrzeugs: Leichter Ausbildungspanzer
Indienststellung: Mitte 1934
Besatzung: zwei Mann
Kampfgewicht: 5,4 t

ABMESSUNGEN
Länge über alles: 4,02 m
Länge der Wanne: 4,02 m
Breite: 2,06 m
Höhe: 1,72 m

BEWAFFNUNG
Hauptbewaffnung: 2x 7,92-mm-MG 13 im Turm
Nebenbewaffnung: –

MUNITIONSVORRAT:
Hauptbewaffnung: 1525 Schuß
Nebenbewaffnung: –

PANZERUNG
Wanne vorn (Bug): 13 mm (im Winkel von 63°)
Wanne vorn (Platte für den Fahrer): 13 mm (im Winkel von 68°)
Wanne seitlich: 13 mm (im Winkel von 73° bis 90°)
Wanne hinten: 13 mm (im Winkel von 50° bis 75°)
Turm vorn: 13 mm (im Winkel von 80°)
Turm seitlich: 13 mm (im Winkel von 68°)
Turm hinten: 13 mm (im Winkel von 68°)

Turm oben: 8 mm (im Winkel von 0° bis 18°)

ANTRIEB
Motor: Vierzylinder-Boxermotor Krupp M305
Leistung: 57 PS
Tankinhalt: 145 l

FAHRLEISTUNGEN
Höchstgeschwindigkeit Straße: 37 km/h
Höchstgeschwindigkeit Gelände: keine Angaben
Reichweite Straße: 145 km
Reichweite Gelände: 97 km

luftverlastbarer Panzer, der in die neu aufgestellte luftbewegliche Division gehen sollte. Dieses Fahrzeug verfügte über den größeren Turm aus dem PzKpfw II mit der 20-mm-Kanone auf einem modifizierten Fahrgestell des PzKpfw IB. Der Panzer hatte nun eine 30-mm-Panzerung, die das Gesamtgewicht auf acht Tonnen brachte. Diese Ausführung C besaß auch einen stärkeren Motor: einen 150-PS-Reihensechszylinder vom Typ Maybach HL 45. Damit erreichte der Panzer trotz des höheren Gewichts auf der Straße beeindruckende 50 km/h. Im Januar 1941 akzeptierte das Waffenamt den Prototyp VK601 und bestellte bei Krauss-Maffei 40 Vorserienfahrzeuge, die im Juli 1942 ausgeliefert werden sollten – also erst 18 Monate später! Die Entwicklung der militärischen Lage und die sich schnell ändernden Einsatzforderungen überholten die großzügige Planung, so daß Krauss-Maffei nur wenige Vorserienfahrzeuge der Ausführung C fertigstellen konnte, bis das Oberkommando im Sommer 1941 die Entwicklung stoppte.

Das Projektfahrzeug PzKpfw I Ausf D (VK1801) war eine stark gepanzerte Version des PzKpfw I für die Infanterie-

UNTEN *Die fünf Laufrollen und die hochgelegte Stützrolle weisen diesen leichten Panzer als PzKpfw I Ausf B aus. Die bescheidene Bewaffnung mit zwei MG 13 war im Gefecht ein erheblicher taktischer Nachteil.*

nahunterstützung. Das widersprach eigentlich der deutschen Gewohnheit, alle Panzer in den Panzerdivisionen zusammenzufassen. Der im Juni 1940 fertiggestellte Prototyp hatte die Standardbewaffnung des PzKpfw I, das heißt die Zwillings-MGs, aber eine wesentlich stärkere Panzerung von 80 Millimetern, die das Gewicht auf 18 Tonnen verdreifachte. Das leichte Fahrgestell des PzKpfw I und der 150 PS starke Maybach-Motor HL 45 hatten mit dem extremen Gewicht arg zu kämpfen, so daß die Höchstgeschwindigkeit auf der Straße behäbige 25 km/h betrug, im Gelände noch weniger. Bei der Truppenerprobung stellte sich schnell heraus, daß die Konstruktion zu schwer für das Fahrgestell war. In der Folge verzichtete die Wehrmacht darauf, Panzer für die Unterstützung der Infanterie einzusetzen. So stornierte das Waffenamt das Vorhaben, nachdem die deutschen Werke gerade zwölf der 30 in Auftrag gegebenen Vorserienmodelle fertiggestellt hatten. Die Wehrmacht setzte diese zwölf PzKpfw I Ausf D dann an der Ostfront zur Infanterienahunterstützung ein.

Sonderversionen

Vom Standardmodell des PzKpfw I gab es auch mehrere Sonderversionen. Dazu zählen die Ausführungen A(fl) und B(fl). Bei diesen Flammpanzern war anstelle des rechten MG ein Flammenwerfer installiert. Des weiteren bauten die

OBEN *Diese Ansicht des PzKpfw I Ausf A zeigt den achteckigen Aufbau, auf dem der Turm sitzt. Die Wanne selbst war nur leicht gepanzert und hatte viele Spalten und Öffnungen, die bei Angriffen echte Gefahrenpunkte darstellten.*

deutschen Hersteller zwischen 1934 und 1937 etwa 200 kleine Panzerbefehlswagen I (Sdkfz 165) als Führungsfahrzeuge. Drei verschiedene Versionen dieses Fahrzeugs wurden gebaut. Die meisten erhielten anstelle des Turms einen fest montierten Aufbau, der besser gepanzert war und über ein einziges MG vorn in der Wanne für die Nahverteidigung verfügte. Zur Bedienung der fortschrittlichen Funkanlage des Fahrzeugs wurde die Besatzung um einen Funker auf drei Mann erhöht. Das Oberkommando teilte diese Fahrzeuge den Stabszügen der Panzerbataillone zu, wo sie im Dienst blieben, bis sie Ende 1942 durch modernere Führungsfahrzeuge abgelöst wurden.

Angesichts der nicht erwarteten Verzögerungen bei der Produktion der PzKpfw III und IV mußte Deutschland mit einer Panzertruppe in den Krieg ziehen, die überwiegend mit den leichten Ausbildungspanzern I und II ausgestattet war. Beim Überfall auf Polen im September 1939 bestand ein Drittel der deutschen Panzerflotte – etwa 1445 Fahrzeuge – aus dem PzKpfw I, der lediglich über MGs verfügte. Die Wehrmacht mußte sich während des ersten Jahres des spektakulären Blitzkriegs auf die doch arg begrenzte Kampfkraft der PzKpfw I und II stützen. Zwischen Mitte 1940 und Anfang 1941 schickte die Wehrmacht schließlich die meisten der 800 übriggebliebenen PzKpfw I, die nun im

Gefecht wirklich nicht mehr zu gebrauchen waren, entweder in Ausbildungs- oder Standorteinheiten im besetzten Europa oder baute sie zu verschiedenen Unterstützungsfahrzeugen um. Die einzigen PzKpfw I, die nach 1941 noch im aktiven Dienst an der Front standen, waren ein paar Flammpanzer in Nordafrika.

Unterstützungsfahrzeuge

Die Wehrmacht baute viele PzKpfw I zu Unterstützungsfahrzeugen aller Art um. Schon Mitte 1939 hatte die Firma Alkett 38 Fahrzeuge vom Typ PzKpfw I Ausf B zum improvisierten schweren, selbstfahrenden Infanteriegeschütz sIG 33 umgerüstet. Dieses Fahrzeug mit einem Gewicht von 8,5 Tonnen besaß ein schweres 150-mm-Infanteriegeschütz in einem hohen, kastenförmigen Aufbau, der auf dem Fahrgestell des PzKpfw I ruhte. Ende 1939 hatten andere deutsche Firmen 51 PzKpfw I in Munitionsträger umgerüstet und zu diesem Zweck die Türme entfernt. Im Jahr 1940 wurden bei weiteren PzKpfw I die Türme und Aufbauten demontiert, um daraus das Fahrschulfahrzeug I zu machen, das häufig beim paramilitärischen Nationalsozialistischen Kraftfahrkorps zum Einsatz kam. Im gleichen Jahr wurden weitere Fahrzeuge zum Bergepanzer I umgerüstet, der dazu diente, kampfunfähige Panzer aus dem Gefechtsfeld abzuschleppen. Andere wurden mit Rampen ausgestattet und mutierten so zum Brückenleger I.

Eine wichtigere Entwicklung erfolgte im Frühjahr 1941, als mehrere deutsche Hersteller 132 PzKpfw I Ausf B zum Panzerjäger I (Sdkfz 101) umrüsteten. Diese Fahrzeuge erhielten eine tschechische 47-mm-Panzerabwehrkanone vom Typ 36(t) L/43 in einem leicht gepanzerten, dreiseitigen Schutzschild. Während der Operation Barbarossa setzte die Wehrmacht alle diese Fahrzeuge in den Panzerabwehrbataillonen der Infanteriedivisionen ein - als einzige wirksame, bewegliche Panzerabwehrwaffe.

Der PzKpfw I im Gefecht

Die erste Gelegenheit für die Wehrmacht, die leichten Panzer LaS IA und IB im Gefecht zu erproben, ergab sich im spanischen Bürgerkrieg von 1936 bis 1939. Deutschland schickte Gerät und Freiwillige in Form der Legion Condor, um die Nationalisten unter Franco im Kampf gegen die Republikaner zu unterstützen. Die Legion verfügte über 120 leichte Panzer LaS in der Panzergruppe von Oberst Ritter von Thoma. Während des Bürgerkriegs konnte die Wehrmacht wertvolle Erfahrungen mit dem LaS machen, erkannte aber auch die taktischen Mängel des Fahrzeugs wie die begrenzte Feuerkraft und den dürftigen Panzerschutz. Um das Fehlen einer wirksamen Hauptbewaffnung auszugleichen, versahen spanische Werkstätten ein paar PzKpfw I mit einer stärkeren 20-mm-Kanone. Diese Verbesserung führte allerdings zu wesentlich schlechteren Fahrleistungen im Gelände.

Unmittelbar vor dem Polenfeldzug stellte der PzKpfw I einen großen Teil der Fahrzeuge der deutschen Panzerdivisionen. Der beste Kampfverband - die 1. Panzerdivision - hatte insgesamt zwar nur 68 PzKpfw I, die 2. bis 5. Division hatte aber jeweils 136 PzKpfw I bei einem Gesamtbestand von 328 Kettenfahrzeugen. Angesichts der Tatsache, daß bei diesem Feldzug nur 98 mittlere PzKpfw III und 211 mittlere/ schwere PzKpfw IV eingesetzt werden konnten, ist der spätere Sieg eindeutig auf die Leistungen der leichten Panzer, also der 1445 Panzerkampfwagen I und der 1223 Panzerkampfwagen II, zurückzuführen, die zum Einsatz kamen. Der erstaunliche Erfolg war eher das Ergebnis der taktischen Qualitäten der Wehrmacht als der Überlegenheit ihrer gepanzerten Fahrzeuge.

Trotz des Erfolgs der Wehrmacht in Polen war die Verwundbarkeit der leicht gepanzerten PzKpfw I durch die polnischen 37-mm-Panzerabwehrgeschosse nicht zu übersehen. Die sehr begrenzte Feuerkraft des PzKpfw I bedeutete außerdem, daß sie selbst im Kampf gegen polnische Kleinpanzer die Unterstützung der schwereren deutschen Panzer benötigten. Der Feldzug zeigte obendrein, daß der PzKpfw I trotz seines geringen Gewichts oft im Schlamm steckenblieb, was besonders beim polnischen Gegenangriff entlang der Bzura unangenehm auffiel. Die Tatsache, daß unter den

UNTEN *Kleiner Panzerbefehlswagen I Ausf B. Auffällig die feldgraue Tarnung und das deutliche weiße Kreuz. Dieses Abzeichen war bei den gepanzerten Kampffahrzeugen der Vorkriegszeit weit verbreitet.*

219 Fahrzeugen, die Deutschland in Polen verlor, allein 89 PzKpfw I waren, macht schon deutlich, in welch großer Zahl er zum Einsatz kam und wie stark er dadurch dem feindlichen Feuer ausgesetzt war. Ein großer Teil dieser Verluste ereignete sich in den Ruinen von Warschau, wo die entschlossenen polnischen Widerstandskämpfer den leichten Panzern der Deutschen schwer zu schaffen machten. Die Deutschen waren so unklug gewesen, sich auf Kämpfe in engen Gassen einzulassen.

Angesichts des schwierigen, bergigen Geländes war die deutsche Invasion von Norwegen (Operation Weserübung) alles andere als ein Panzerfeldzug in Blitzkriegart. Die Wehrmacht setzte allerdings zur Unterstützung der Invasion in geringem Umfang auch gepanzerte Kräfte ein, insgesamt 50 Panzer in dem zu diesem Zweck aufgestellten 40. Panzerbataillon. Diese Panzer, darunter zwei Dutzend PzKpfw I, spielten eine entscheidende Rolle beim Durchbruch durch die englischen und französischen Blockadekräfte, die im engen Gubrandsdalen-Tal aufgestellt waren. Der Erfolg dieses Panzervorstoßes zwang die englischen und französischen Expeditionsstreitkräfte, die am 17. April im Gebiet Namsos-Aandalsness eingetroffen waren, sich schnell zu ihren Landungsstreifen zurückzuziehen, um sich am 3. Mai 1940 per Schiff nach England zu retten.

Zwischen dem Ende des Polenfeldzugs und dem deutschen Feldzug im Westen im Mai 1940 strukturierte die

OBEN *Ein PzKpfw I von Rommels Afrikakorps. Das Fahrzeug fährt im April 1941 durch den Stützpunkt El Agheila, den Rommels Truppen im Monat zuvor zurückerobert hatten. Bei diesen Kämpfen im Jahr 1941 hatte der PzKpfw I seine letzten Fronteinsätze.*

Wehrmacht ihre Panzertruppe um. Das Oberkommando benannte die vier leichten Divisionen in die 6. bis 9. Panzerdivision um und stellte dazu eine 10. Division auf. Im Mai 1940 standen immer noch 1077 PzKpfw I im Dienst, 348 weniger als im September 1939. 89 Fahrzeuge waren in Polen verlorengegangen, und 261 weitere Panzer wurden für die verschiedensten Zwecke umgerüstet. Allerdings setzte die Wehrmacht beim Feldzug im Westen nur 619 PzKpfw I ein. Die restlichen 458 Fahrzeuge dienten entweder der Ausbildung oder waren für Aufgaben an den Standorten abgestellt. Die Kämpfe im Westen bestätigten die Befürchtungen der Wehrmacht, daß der PzKpfw I im Gefecht keine Chance gegen die französischen Panzer haben würde. Also wurden in erster Linie Führungsfahrzeuge in den Stabseinheiten eingesetzt, und die anderen Fahrzeuge nahmen überwiegend Aufklärungs- und Erkundungsaufgaben wahr. Die Verluste waren bei diesen Fahrzeugen trotzdem sehr hoch, insbesondere, wenn sie auf die Panzer der Alliierten trafen. Als Konsequenz daraus setzte die Wehrmacht nach dem Mai 1940 den Panzerkampfwagen I nie wieder als Gefechtsfahrzeug an der Front ein.

KAPITEL 2

PANZER II

Auch der Panzerkampfwagen II war nur eine Übergangslösung. Er sollte in den Panzerdivisionen dienen, bis die Kampfpanzer III und IV einsatzbereit waren. Trotz seiner Schwächen bildete er das Rückgrat der deutschen Panzertruppe. Sogar im April 1942 waren noch 860 PzKpfw II im Dienst.

Der PzKpfw II war eine schwerere Version des leichten Ausbildungspanzers PzKpfw I, den die Wehrmacht Anfang der 30er Jahre bestellt hatte. Er sollte die Lücke bis zum Erscheinen der schweren Kampfpanzer (PzKpfw III und IV) füllen, mit denen bis zum Ende des Jahrzehnts zu rechnen war. Im Juli 1934 schrieb das Heereswaffenamt einen 10-Tonnen-Panzer mit einer 20-mm-Kanone in einem voll schwenkbaren Turm aus. Drei Firmen legten ihre Vorschläge vor. Das Waffenamt entschied, von der Konstruktion der Augsburg-Nürnberger Maschinenwerke (MAN) eine begrenzte Vorserie aufzulegen. Zwischen 1935 und 1937 stellte MAN unter dem Tarnnamen „Landwirtschaftlicher Schlepper 100" (LaS 100) einige Prototypen und Vorserienmodellen her. Im Jahr 1938, als man auf die

LINKS Vier PzKpfw II (Ausf D) werden über Rampen auf Transportfahrzeuge gefahren. Das Laufwerk des PzKpfw II unterschied sich grundsätzlich von dem seines Vorgängers, denn es hatte große Laufrollen.

Tarnnamen endgültig verzichtete, nahm die Wehrmacht die Umbenennung des Fahrzeugs in PzKpfw II vor.

Entwicklungsgeschichte

Das erste Vorserienmodell war der 1a/LaS 100 (PzKpfw II Ausf a1), von dem MAN im Jahr 1935 insgesamt elf Stück baute. Die Serienmodelle des PzKpfw II wurden von der Wehrmacht in üblicher Weise mit Großbuchstaben versehen, die Vorserienmodelle hingegen erhielten kleine Buchstaben. Die Ausf 1a wurde von einem Maybach-Sechszylinder-Reihenmotor HL 57 mit 130 PS angetrieben. Das Laufwerk des Panzers verfügte über sechs Laufrollen, miteinander verbunden über einen Tragbalken, der wiederum über drei Blattfedern an der Wanne befestigt war. Diese Version war leicht an der stark abgerundeten Bugplatte erkennbar. Die Ausf 1a wog 7,5 Tonnen, hatte eine 14,5 Millimeter dicke Panzerung und verfügte über eine 2-cm-KwK 30/L55 als Hauptbewaffnung. Diese 20-mm-Kanone war im Jahr 1930

OBEN *Eine Kolonne von PzKpfw II auf einer Parade vor begeisterten Zuschauern. Das Fahrzeug im Vordergrund mit der Nr. 1103 ist das dritte Fahrzeug der Stabskompanie des 2. Bataillons dieser Panzerdivision.*

eingeführt worden (daher die Bezeichnung KwK 30), und der Lauf hatte eine Länge von 55 Kalibern, das heißt, er war 55mal so lang wie sein Durchmesser (daher L/55). Im Jahr 1935 baute MAN 25 Exemplare des PzKpfw II Ausf a2, der seinem Vorgänger bis auf kleinere Änderungen im Motorraum glich. Weitere geringfügige Modifikationen an der Kühlung und der Aufhängung führten zu der dritten Vorserienversion des Panzerkampfwagen II, der Ausführung a3. Von dieser Version stellte die Wehrmacht im Jahr 1936 50 Stück in Dienst.

Die nächste Vorserienversion, die ebenfalls noch 1936 eingeführt wurde, war der 2/LaS 100 beziehungsweise PzKpfw II Ausf b. Dieser Panzer mit dem stärkeren Maybach HL 62 TRM mit 140 PS wog nun 7,9 Tonnen. Von allen Vorgängermodellen unterschied sich die Ausführung b schon auf den ersten Blick durch den eckigen Bug. Er ersetzte die runde, kegelförmige Front der früheren Vorserienmodelle, die bei den späteren Serienversionen A–C wieder auftauchen sollte. Zwischen 1936 und 1937 stellten die deutschen

Firmen insgesamt 100 Exemplare der Ausführung b her. Mit der Ausführung c, der letzten Vorserienversion, wurden 1937 noch einige grundlegende Änderungen eingeführt. Dieses Fahrzeug verfügte über ein neues Laufwerk mit fünf großen Laufrollen, die an viertelelliptischen Federn hingen. Diese Ausführung blieb während der gesamten Bauzeit des PzKpfw II gültig. Diese und andere Änderungen sorgten dafür, daß die Ausführung c stolze 8,9 Tonnen wog. Die Serienproduktion begann 1937 mit dem 4/LaS 100 oder PzKpfw II Ausf A, der sich von seinem Vorgänger aber nur durch ein geändertes Visier für den Fahrer unterschied. Zwischen 1937 und 1938 wurde die etwas überarbeitete Ausführung B in Dienst gestellt. Ab 1938 erschien bereits die Ausführung C, die wiederum über ein besser geschütztes Visier für den Fahrer verfügte.

Die Ausführungen D und E des PzKpfw II stellten eine radikale Abkehr von den Vorgängern dar. Im Jahr 1938 erhielt Daimler-Benz den Auftrag, eine schnelle Version des PzKpfw II zu bauen, der bei den vier leichten Divisionen des Heeres in der klassischen Aufklärerrolle eingesetzt werden sollte.

Die Ausführungen D und E verfügten über einen neu konstruierten Aufbau, der bereits einige Komponenten des PzKpfw III enthielt, den Daimler-Benz zu dieser Zeit ebenfalls baute. Was noch wichtiger war: Diese schnellen Panzer hatten überarbeitete Ketten und eine neue Drehstabfederung und konnten damit auf der Straße bis zu 56 km/h schnell fahren. Von diesen schnellen Versionen des PzKpfw II wurden in den Jahren 1938 und 1939 etwa 250 Stück bei der Truppe eingeführt, aber sie sollten die hochgesteckten Erwartungen nicht erfüllen. Vor allem die Fahrleistungen im Gelände waren ausgesprochen dürftig. Im Jahr 1939 baute die Wehrmacht 90 dieser unzulänglichen Fahrzeuge zum Flammpanzer II Flamingo um, einem fahrenden Flammenwerfer. Die restlichen Panzer wurden 1942 zu Jagdpanzern vom Typ Marder II umgerüstet.

Beim Polenfeldzug im September 1939 bildeten die insgesamt 1223 PzKpfw II das Rückgrat der deutschen Panzertruppe. Bereits Anfang 1939 hatte die Wehrmacht festgestellt, daß genügend Panzer dieses Typs vorhanden waren. Demzufolge wurde die Produktion langsam heruntergefahren. Im Jahr 1939 wurden in ganz Deutschland nur noch 15 neue Panzer vom Typ PzKpfw II gebaut, 1940 waren es nur noch neun. Die taktischen Erfahrungen aus dem Polenfeldzug hatten dafür gesorgt, daß dieser Typ nicht weitergebaut wurde. Die Wehrmacht hatte nämlich festgestellt, daß der PzKpfw II unzulänglich bewaffnet und gepanzert war und sich daher entschieden, keine weiteren Fahrzeuge zu bauen, sondern die bereits vorhandenen 1200 Panzer mit einer besseren Panzerung zu versehen. Daher rüsteten die deutschen Werke im Winter 1939/40 viele der frühen Ausführungen mit zusätzlichen 20-mm-Panzerplatten zur Ergänzung der vorhandenen 14,5-mm-Frontpanzerung aus. Daneben bauten sie auch widerstandsfähigere, eckige Bugplatten ein, die den ursprünglichen runden Bug ersetzten. Im Sommer 1940 gab es noch eine weitere interessante Umbau-

UNTEN *Seitenansicht eines Panzerspähwagens II Luchs. Dieses gepanzerte Aufklärungsfahrzeug verfügte über ein gründlich überarbeitetes Laufwerk, mit dem der Luchs sowohl auf der Straße als auch im Gelände recht hohe Geschwindigkeiten erzielte.*

maßnahme: 50 Panzerkampfwagen II wurden zu schwimmfähigen Fahrzeugen umgebaut und erhielten die Bezeichnung Schwimmpanzer II. Die Wehrmacht wollte diese Panzer bei der Operation „Seelöwe" einsetzen, der geplanten Invasion von England, die nie stattfand.

Erst im März 1941 wurde die Weiterentwicklung des PzKpfw II wiederaufgenommen, und es erschien die letzte Serienversion, die Ausführung F. Bei der Entwicklung dieser Version nutzten die deutschen Konstrukteure die Erfahrungen, die die Wehrmacht von April bis Juni 1940 bei den Feldzügen in Norwegen und Frankreich gemacht hatte. Bei diesen Feldzügen hatte der PzKpfw II erneut die Schwäche seiner Panzerung unter Beweis gestellt. So verfügte die Ausführung F nun über eine Frontpanzerung, die aus einer einteiligen 35-mm-Platte bestand. Die seitliche Panzerung wurde auf 30 Millimeter verstärkt. Mit der verbesserten Panzerung stieg das Gewicht des Fahrzeugs auf 9,5 Tonnen. Die Höchstgeschwindigkeit verringerte sich dementsprechend auf 40 km/h.

Die Erfahrungen aus der Operation Barbarossa, dem Überfall auf die Sowjetunion im Juni 1941, machten aber endgültig klar, daß der PzKpfw II bald endgültig ausgedient hatte. Der Turmdrehkranz war zu klein, um eine brauchbare Hauptbewaffnung zu montieren, und das Fahrgestell war dem Gewicht der zusätzlichen Panzerung nicht gewachsen, die für die Gefechte an der Ostfront Ende 1941 absolut erforderlich war. Der PzKpfw II Ausf F wurde aber trotzdem bis weit in das Jahr 1942 weitergebaut. Hitlers Entscheidung vom Sommer 1941, die Panzertruppe auf 36 Divisionen aufzustocken, erforderte eine gewaltige Erhöhung der Produktion. Es war einfacher und schneller, ein eingeführtes Fahrzeug weiterzubauen, das billig in großer Stückzahl hergestellt werden konnte, als einen neuen Panzer zu entwickeln, was zunächst mit einem Rückgang der Produktion einhergegangen wäre. Im Jahr 1941 bauten die deutschen Hersteller daher 233 PzKpfw Ausf F, und im Jahr 1942 folgten weitere 306 Exemplare der Ausführungen G und J. Diese neuen Versionen hatten einen zusätzlichen Staukasten außen hinter dem Turm. Im Jahr 1942 zeigte sich aber bei den Kämpfen an der Ostfront, daß selbst die modernsten Ausführungen des PzKpfw II nicht mehr für die Front geeignet waren, so daß er in der Folge nur noch als Aufklärungspanzer zum Einsatz kam.

Während die Wehrmacht den PzKpfw II von Ende 1942 an allmählich ablöste, benutzte sie das zuverlässige Fahrgestell als Plattform für verschiedene andere gepanzerte Kampffahrzeuge. In den Jahren 1942 und 1943 wurden darauf 1983 selbstfahrende Geschütze vom Typ Marder II in allen möglichen Ausführungen gebaut. In den Jahren 1943

und 1944 entstand in ähnlicher Weise das Panzerartilleriefahrzeug Wespe mit der leichten 10,5-cm-Feldhaubitze 18/1. Schließlich wurden in den Jahren 1944 und 1945 noch einige PzKpfw II ihres Turms beraubt und zu Munitionsträgern für die mit der Wespe ausgestatteten Artilleriebatterien umgerüstet.

Der PzKpfw II im Gefecht

Die hohen Verluste unter den 1223 beim Polenfeldzug eingesetzten PzKpfw II beweisen, welch wichtige Rolle dieser Panzer für die Wehrmacht spielte. Den deutschen Statistiken zufolge zerstörten die polnischen Streitkräfte 81 PzKpfw II, aber nur weitere 141 Fahrzeuge aller anderen fünf Panzertypen, die in Polen eingesetzt wurden. Der größte Verlust dieser Panzer ereignete sich am 8. und 9. September in den

TECHNISCHE DATEN: Panzerkampfwagen II Ausf F (Sdkfz 121)

ALLGEMEINE DATEN
Art des Fahrzeugs: leichter Panzer
Indienststellung: Frühjahr 1941
Besatzung: drei Mann
Kampfgewicht: 9,5 t

ABMESSUNGEN
Länge über alles: 4,81 m
Länge der Wanne: 4,81 m
Breite: 2,28 m
Höhe: 2,02 m

BEWAFFNUNG
Hauptbewaffnung: 2-cm-KwK 30 (oder KwK 38) L/55
Nebenbewaffnung: 2x 7,92-mm-MG 34, 1x koaxial im Turm, 1x Bug

MUNITIONSVORRAT
Hauptbewaffnung: 180 Schuß
Nebenbewaffnung: 2550 Schuß

PANZERUNG
Wanne vorn (Bug): 35 mm (im Winkel von 77°)
Wanne vorn (Platte für den Fahrer): 30 mm (im Winkel von 80°)
Wanne seitlich: 20 mm (im Winkel von 90°)
Wanne hinten: 14,5 mm (im Winkel von 90°)
Turm vorn: 30 mm (im Winkel von 90°)
Turm seitlich: 15 mm (im Winkel von 68°)
Turm hinten: 14,5 mm (im Winkel von 68°)

Turm oben: 10 mm (im Winkel von 0° bis 13°)

ANTRIEB
Motor: Sechszylinder-Reihenmotor Maybach HL 62 TRM
Leistung: 140 PS
Tankinhalt: 170 l

FAHRLEISTUNGEN
Höchstgeschwindigkeit Straße: 40 km/h
Höchstgeschwindigkeit Gelände: 19 km/h
Reichweite Straße: 200 km
Reichweite Gelände: 130 km

Randgebieten von Warschau. Die deutschen Truppenführer schickten die leichten Panzer der 4. Panzerdivision ohne Infanterieunterstützung in die engen Gassen, wo es den Polen gelang, 32 PzKpfw II zu zerstören. In Warschau stellte die Wehrmacht zum ersten Mal fest, wie gefährlich es ist, gepanzerte Kräfte in den Häuserkampf zu schicken.

Der nächste Einsatz, an dem der PzKpfw II teilnahm, war die Invasion von Norwegen. Angesichts des schwierigen Geländes spielten die deutschen Panzer eine weniger wichtige Rolle als beim Polenfeldzug. Trotzdem verlegte die Wehrmacht das speziell zu diesem Zweck aufgestellte 40. Panzerbataillon mit insgesamt 50 Panzern, darunter 16 Panzerkampfwagen II, nach Norwegen, um der Infanterie Feuerunterstützung zu geben. Dieses Bataillon nahm am deutschen Angriff der verbundenen Waffen gegen die englisch-französischen Expeditionsstreitkräfte im Gubrandsdalen-Tal nördlich von Lillehammer teil. Obwohl zwei PzKpfw II durch britische Panzerabwehrwaffen vernichtet wurden, konnten die deutschen Truppen die Engländer und Franzosen zum Rückzug zwingen.

Beim Feldzug im Westen im Mai 1940 wußte man, daß der PzKpfw II mittlerweile einen begrenzten taktischen Wert hatte. Er war nur noch für die Aufklärung und den Flankenschutz zur Unterstützung der wesentlich besseren Panzerkampfwagen 38(t), III und IV geeignet. Die Zusammensetzung der eingesetzten Panzerdivisionen zeigt diese Einschätzung deutlich. Das Oberkommando setzte bei den Panzerdivisionen, die den Hauptstoß durchführten, wesentlich mehr PzKpfw III und IV und weniger PzKpfw II ein. Diese waren statt dessen eher in Divisionen mit weniger wichtigen Aufgaben zu finden. Die drei deutschen Panzerdivisionen in der Speerspitze von General Heinz Guderians XIX. Panzerkorps verfügten beispielsweise über je 146 PzKpfw III und IV, aber nur über 130 leichte PzKpfw I und II. Im Gegensatz dazu wies das Oberkommando der 9. Panzerdivision nur 54 PzKpfw III und IV zu, dafür aber 175 leichte PzKpfw I und II, mit denen sie einen Scheinangriff in Holland durchführen sollte.

Obwohl der PzKpfw II bei diesem Feldzug aufgrund seiner bescheidenen Hauptbewaffnung und der dürftigen Panzerung anderen Panzern unterlegen war, hatte er zwei wichtige Vorteile gegenüber den französischen Panzern: Zum einen hatte er zwei Mann im Turm, und damit eine höhere Feuergeschwindigkeit als die französischen Panzer. Außerdem besaßen alle deutschen Panzer ein Funkgerät, so daß die Zusammenarbeit bei den deutschen Panzerdivisionen wesentlich besser funktionierte als bei der französischen Panzertruppe. In Frankreich war die Wehrmacht mit ihren Panzern weder qualitativ noch quantitativ überlegen. Der

Erfolg beruhte auf der besseren taktischen Koordinierung innerhalb der Panzerregimenter und der überlegenen Zusammenarbeit zwischen allen Truppengattungen und Teilstreitkräften, besonders mit den Sturzkampfbombern der deutschen Luftwaffe.

Trotz seiner Schwächen war der PzKpfw II bei der Operation Barbarossa noch häufig vertreten. Die erbitterten Kämpfe an der Ostfront zeigten aber, daß der taktische Nutzen dieses Fahrzeugs rapide abnahm. Der PzKpfw II wurde nun überwiegend in der Aufklärung eingesetzt und erlitt jedesmal schwere Verluste, wenn er auf neuere sowjetische

Panzer oder Panzerabwehr traf. Durch die Verluste im Kampf und die Rückverlegung in die Reserve war der PzKpfw II Ende 1942 nur noch selten an der Front zu sehen. Nur in Nordafrika verhielt es sich etwas anders: Hier konnte sich das Afrikakorps von General Erwin Rommel wegen der allgemeinen Materialknappheit nicht den Luxus erlauben, auf die taktisch überholten PzKpfw II zu verzichten, zumindest bis zum Eintreffen neuerer Fahrzeuge. Bei der Schlacht um Tobruk im Mai 1942 waren unter den 560 Panzern, die Rommel zur Verfügung standen, immerhin noch 50 PzKpfw II. Als General Montgomery im Oktober 1942 seine große

OBEN *Eine Kolonne deutscher Panzer fährt im Mai 1940 während des Feldzugs im Westen durch eine französische Stadt. Erst im Vergleich zur Besatzung fällt auf, wie klein diese Panzer sind.*

Offensive bei El Alamein startete, hatte das Afrikakorps unter seinen 520 deutschen und italienischen Panzern immer noch 31 alte Panzerkampfwagen II. Erst am Anfang des Jahres 1943 hatte die Wehrmacht die Rückverlegung aller 300 noch einsatzbereiten PzKpfw II in Heimatstandorte oder zum Kampf gegen Partisanen in allen Teilen des besetzten Europas abgeschlossen.

KAPITEL 3

MARDER I

Die Wehrmacht benötigte seit der Operation Barbarossa dringend bewegliche Panzerabwehrwaffen und baute deshalb ab 1942 eine Reihe von Jagdpanzern mit erbeuteten Laufwerken oder Kanonen. Der erste Panzer dieser Art, der Marder I, basierte auf dem Laufwerk des französischen Lorraine-Schleppers.

Nach der schnellen Eroberung Frankreichs im Mai/Juni 1940 erbeutete die Wehrmacht Hunderte unbeschädigte britische und französische Panzer. Zu den wertvollsten Fahrzeugen darunter zählte der französische Lorraine, ein gepanzertes Vollkettenfahrzeug, das als Infanterietransporter und Artilleriezugfahrzeug diente. Der kräftige Motor und das stabile Laufwerk beeindruckten die Deutschen, die das Fahrzeug als Lorraine-Schlepper bezeichneten. Nachdem die Wehrmacht in der Anfangsphase der Operation Barbarossa auf viele mittlere T43 und schwere KV1 gestoßen war, hatte sie erkannt, daß sie einen stärkeren und beweglicheren Jagdpanzer brauchte. Daher sah sie sich nach einem geeigneten Fahrgestell als Übergangslösung für

LINKS *Der gefährliche Jagdpanzer Marder I besaß das ungewöhnliche Laufwerk des französischen Lorraine-Schleppers mit paarweise angeordneten, kleinen Laufrollen. Die Rohrblende deckt auch einen Teil des Kampfraums ab.*

einen improvisierten leichten Jagdpanzer um. Bei dieser Suche dachte man natürlich auch an die vielen erbeuteten französischen Fahrzeuge und ganz besonders an den Lorraine-Schlepper, denn gerade er war ausgezeichnet für die unterschiedlichsten Aufbauten geeignet.

Entwicklungsgeschichte

Der in Deutschland auf der Grundlage des Lorraine-Schleppers gebaute, improvisierte Jagdpanzer wurde als Marder I bezeichnet. Er war das erste in einer Reihe von Fahrzeugen, die allesamt auf erbeuteten Fahrgestellen oder Kanonen basierten. Der Entwickler des Marder I war Alfred Becker, ein deutscher Ingenieur der gleichnamigen Firma aus Krefeld. Während des Feldzugs im Westen im Jahr 1940 diente Hauptmann Becker als Chef einer Artilleriebatterie der 227. Infanteriedivision. Er erwies sich als Offizier mit viel Initiative, Energie und Kreativität. So nutzte er beim Vormarsch seiner Division durch die Niederlande erbeutete

TECHNISCHE DATEN: Panzerjäger Marder I (Sdkfz 135)

ALLGEMEINE DATEN
Art des Fahrzeugs: leichter Jagdpanzer (Geschützwagen)
Indienststellung: Sommer 1942
Besatzung: vier Mann
Kampfgewicht: 8,3 t
Laufwerk: französischer Lorraine-Schlepper

ABMESSUNGEN
Länge über alles: 5,38 m
Länge der Wanne: 4,35 m
Breite: 1,88 m
Höhe: 2,00 m

BEWAFFNUNG
Hauptbewaffnung: 7,5-cm-PaK 40/1 L/46
Schwenkbereich der Bordkanone:

24° nach rechts und links
Nebenbewaffnung: –

MUNITIONSVORRAT
Hauptbewaffnung: 40 Schuß
Nebenbewaffnung: –

PANZERUNG
Wanne vorn (Bug): 12 mm (im Winkel von 78°)
Wanne vorn (Platte für den Fahrer): 12 mm (im Winkel von 90°)
Wanne seitlich: 9 mm (im Winkel von 75° bis 90°)
Wanne hinten: 9 mm (im Winkel von 80°)
Aufbau vorn: 12 mm (im Winkel von 80°)

Aufbau seitlich: 9 mm (im Winkel von 75°)
Aufbau hinten: 9 mm (im Winkel von 74°)
Aufbau oben: keine

ANTRIEB
Motor: Sechszylinder-Reihenmotor Delahaye 103 TT
Leistung: 70 PS
Tankinhalt: 111 Liter

FAHRLEISTUNGEN
Höchstgeschwindigkeit Straße: 38 km/h
Reichweite Straße: 150 km
Reichweite Gelände: 90 km

Fahrzeuge, um seine noch mit Pferden ausgestattete Artilleriebatterie zu motorisieren. Nach der erfolgreichen Eroberung Frankreichs blieb die 227. Infanteriedivision dort als Besatzungstruppe. Becker nutzte diese Zeit, um improvisierte selbstfahrende Artilleriegeschütze zu konstruieren, indem er erbeutete Geschütze auf entsprechende Fahrgestelle setzte. Das Ergebnis war die erste selbstfahrende Artillerie im deutschen Heer.

Nachdem seine Division an die Ostfront verlegt wurde, um an der Invasion der Sowjetunion teilzunehmen, hatte Becker weniger Zeit für seine Erfindungen. Trotzdem wurden die höheren Dienststellen auf ihn aufmerksam. Im Sommer 1942 stellte das Oberkommando ihn an die Firma

Alkett in Berlin-Spandau ab. Diese wiederum schickte ihn nach Frankreich, um die Umrüstung französischer Fahrzeuge in gepanzerte Kampffahrzeuge für die Wehrmacht zu überwachen. Das Heereswaffenamt übertrug Becker die Leitung einer Ingenieurgruppe und einer Werkstatt in Paris und gab ihm den Auftrag, genügend Fahrzeuge für die Ausstattung von zwei ganzen Panzerdivisionen umzurüsten. Becker durchkämmte daraufhin die französischen Militärdepots und sammelte alle Fahrzeuge, Fahrgestelle und Ersatzteile ein, die er finden konnte. Auf diese Weise wurden in den Jahren 1942 und 1943 bei Alkett, der Becker-Gruppe und verschiedenen französischen Werken Hunderte von Umrüstungen vorgenommen.

Bei Beckers Rückkehr nach Frankreich erhielt er am 25. Mai 1942 vom Waffenamt den Befehl, den Lorraine-Schlepper zum selbstfahrenden Träger für Panzerabwehr- und Artilleriegeschütze umzurüsten. Dafür wurden etwa 160 Schlepper vorgesehen. 60 davon sollten die Grundlage für die improvisierten Jagdpanzer bilden und mit der neuen schweren Panzerabwehrkanone 7,5-cm-Pak 40 ausgerüstet werden. Am 4. Juni 1942 erfuhr Feldmarschall Keitel, daß weitere 78 Lorraine-Schlepper in den heereseigenen Werkstätten in Bielitz repariert wurden, und befahl, weitere 24 Fahrzeuge als Träger für diese Waffe herzurichten. Das Fahrzeug wurde offiziell bezeichnet als 7,5-cm-Pak 40/1 auf Geschützwagen Lorraine-Schlepper (f). Im allgemeinen Sprachgebrauch bürgerte sich bei der Truppe aber schnell die Bezeichnung Marder I ein. Im Juni und Juli 1942 wurden insgesamt 104 Marder I umgerüstet, weitere 66 folgten im August 1942. Bis zum Ende des Jahres wurden nur noch 15 weitere Fahrzeuge gebaut, so daß die Gesamtzahl nun bei 185 Exemplaren lag. Insgesamt 48 Marder I entstanden bei der Firma Alkett, weitere bei der Firma Becker in Krefeld, der Rest wurde in Frankreich gebaut. Einige Fahrzeuge entstanden in Paris, wo die Lorraine-Schlepper auch wieder überholt wurden.

Der Jagdpanzer Marder I ist von seinen Artverwandten, den Jagdpanzern Marder II und Marder III, durch sein Laufwerk zu unterscheiden, das auf jeder Seite sechs kleine 445-mm-Laufrollen mit Gummibereifung besitzt, abgefedert durch drei Paare halbelliptischer Blattfedern, insgesamt eine sehr ungewöhnliche Anordnung. Der Schlepper verfügte über breite 100-mm-Ketten, die für ausgezeichnete Stabilität und guten Vortrieb sorgten. Auf dem gepanzerten Fahrgestell des Lorraine-Schleppers, unmittelbar über dem früheren Besatzungsraum, bauten die Konstrukteure einen kastenförmigen, oben offenen Aufbau mit minimaler Panzerung, der nach hinten leicht abfiel. Die Pak 7,5 cm 40 wurde mit ihrer Frontplatte direkt über diesem Aufbau montiert, was eine Einschränkung des horizontalen Schwenkbereichs zur Folge hatte. Die Hauptbewaffnung hatte eine Erhöhung zwischen –5 und +22 Grad. Das 3,5 Meter lange Rohr reichte weit über das Fahrzeug hinaus, so daß vorn an der Wanne ein Zurrlager angebracht werden mußte, um das Rohr bei langen Überlandfahrten zu stützen. Die Hauptbewaffnung hatte vorzügliche Leistungen: Sie verschoß Sprenggeschosse mit einer Mündungsgeschwindigkeit von 549 Metern pro Sekunde und panzerbrechende Geschosse mit einer Mündungsgeschwindigkeit von 770 m/s. Damit war die Munition in der Lage, auf 900 Metern Entfernung immerhin eine 91 Millimeter starke Panzerung bei einem Winkel von 30 Grad zu durchschlagen. Allerdings konnte der Marder I nur leicht gepanzert werden, um das Gewicht in Grenzen zu halten. Mehr als 8,3 Tonnen konnte das Laufwerk nämlich nicht verkraften. So bestand die Panzerung lediglich aus zwölf Millimeter starken, gegossenen Frontplatten und neun Millimeter starken Preßstahlplatten an den Seiten und hinten. Das reichte höchstens zum Schutz vor Handfeuerwaffen. Das Fahrzeug hatte vier Mann Besatzung und wurde von einem 70 PS starken Delahaye-Reihensechszylinder vom Typ 103 TT angetrieben. Damit erreichte es auf der Straße eine Höchstgeschwindigkeit von 38 km/h. Mit dem Benzintank von 111 Litern und einem Reservetank von weiteren 25 Litern lag die Reichweite je nach Gelände zwischen 90 und 150 Kilometern.

Der Marder I im Gefecht

Das Fahrzeug wurde hauptsächlich bei den deutschen Besatzungstruppen in Frankreich eingesetzt, und dort in erster Linie bei den Panzerjägerbataillonen der Infanteriedivisionen. Einige wenige Exemplare wurden 1943–1944 an der Ostfront und in Italien eingesetzt, nachdem ihre Stammdivisionen aus Frankreich dorthin verlegt worden waren. Die meisten Marder I blieben aber in Frankreich, und so waren am 1. Januar 1944 dort noch 131 Fahrzeuge im Einsatz. Im Jahr zuvor hatte die Wehrmacht die verschiedenen, von Alfred Becker konstruierten und gebauten, improvisierten Panzer zur 931. Beweglichen Brigade West zusammengefaßt. Dieser Verband bildete schon bald das Rückgrat der mageren strategischen Reserve, die die Wehrmacht im Westen stationiert hatte.

Nach der Vernichtung der 21. Panzerdivision in Tunesien im Mai 1943 ließ das Oberkommando die Division in der Normandie neu aufstellen und setzte dafür die 931. Bewegliche Brigade West ein. Der soeben zum Major beförderte Alfred Becker übernahm die Führung des 200. Sturmgeschützbataillons der neu gegründeten 21. Panzerdivision. Das Bataillon verfügte über 45 Jagdpanzer Marder I in fünf Batterien und war damit der größte Marder-I-Verband überhaupt. Becker führte dieses Bataillon während des Feldzugs in der Normandie im Jahr 1944, wo die improvisierten Jagdpanzer sich trotz ihrer bescheidenen Panzerung ausgezeichnet schlugen. Der Marder I war den englischen und amerikanischen Panzern in der Normandie durchaus gewachsen. Am 2. Juli 1944 erhielt Major Becker das begehrte Ritterkreuz für seine erfolgreiche Führung des 200. Sturmgeschützbataillons während der erbitterten Kämpfe um Caen. Der energische Widerstand, den Beckers Verband leistete, trug dazu bei, daß die anglokanadischen Truppen von General Montgomery die Stadt im Juni 1944 nicht einnehmen konnten.

MARDER II

Das zweite Fahrzeug in der Reihe der Marder-Jagdpanzer verfügte über die mächtige sowjetische 7,62-cm-Kanone. Sie saß auf dem zuverlässigen Laufwerk des PzKpfw II. Als die Vorräte an dieser Kanone ausgingen, erhielt der Marder II die deutsche 7,5-cm-Kanone. Er blieb bis zum Kriegsende im Dienst und kämpfte an allen Fronten.

Nach der Operation Barbarossa stellte die Wehrmacht fest, daß sie zum Kampf gegen die modernen Panzer der Roten Armee mehr und vor allen Dingen beweglichere Feuerkraft benötigte. So wurde eine Reihe improvisierter Jagdpanzer mit starken Panzerabwehrkanonen gebaut. Als schnelle Lösung bot sich das zuverlässige, stabile Fahrgestell des PzKpfw II an. So entwickelte die Firma Alkett im Frühjahr 1942 ein Fahrzeug, in dem das Fahrgestell des PzKpfw II mit der einzigen damals verfügbaren Waffe vereinigt wurde, die in der Lage war, die Frontpanzerung der sowjetischen T34 und KV1 zu durchbrechen: der 7,62-cm-Feldkanone M36 der Roten Armee, die in der Anfangsphase der Operation Barbarossa in großer Zahl erbeutet wurde.

LINKS Die erste Version des Marder II (Sdkfz 132) verfügte über die kräftige sowjetische 7,62-cm-Kanone. Sie war auf dem Laufwerk des PzKpfw II in einer Rohrblende auf einem hohen, kastenförmigen Aufbau montiert. Das Ergebnis war eine ungünstig hohe Silhouette.

Entwicklungsgeschichte

Dieser improvisierte Jagdpanzer verfügte über eine in Deutschland modifizierte Version der sowjetischen 7,62-cm-Feldkanone auf dem Laufwerk des PzKpfw II in den Ausführungen D und E. Die deutschen Werkstätten hatten die sowjetische Kanone auf die Panzerabwehrgeschosse der neuen deutschen 7,5-cm-Pak 40/2 umgerüstet. Diese modifizierte Waffe erhielt die Bezeichnung 7,62-cm-Pak 36(r). Ein paar dieser Jagdpanzer erhielten auch die originalen sowjetischen Feldkanonen, die unter der Bezeichnung 7,62-cm-FK 296(r) liefen. Die Ausführungen D und E des PzKpfw II hatte Daimler-Benz bereits im Jahr 1938 als schnelle Panzer für Aufklärungseinsätze für die vier leichten deutschen Divisionen gebaut. Sie erwiesen sich aber als Enttäuschung: Das neue Laufwerk sorgte für dürftige Fahrleistungen im Gelände, und das Konzept der leichten Division erwies sich in Polen als völliger Fehlgriff. Im Jahr 1941 waren diese Panzer also überflüssig und konnten deshalb als Grundlage für diverse Umbauten dienen. Das deutsche Heer selbst bezeichnete diese Jagdpanzer offiziell als Panzerjäger II Ausf D-E für 7,62-cm-Pak 36(r) (Sdkfz 132). Später gab Hitler dem Fahrzeug die Bezeichnung Marder II, die sich auch allgemein durchsetzte. Zum Ende des Frühjahrs 1942 baute Alkett insgesamt 185 PzKpfw II Ausf D und E um. Darunter befanden sich auch 30 Fahrzeuge, die zuvor bereits zum Flammpanzer II Flamingo umgerüstet worden waren.

Alkett demontierte Turm und Aufbau des ursprünglichen Panzerkampfwagens II und ersetzte beides durch einen hohen, kastenförmigen Aufbau mit einer 14,5 Millimeter starken Panzerung und steil abfallenden Seiten. Die Hauptbewaffnung saß mittig auf diesem Aufbau, innerhalb einer dreiseitigen Rohrblende von zehn Millimetern Stärke. Die gesamte Kanone war auf der Innenseite des Aufbaubodens befestigt. Das 4,2 Meter lange Rohr der 7,62-cm-Kanone ragte vorn über den Bug hinaus, und die gesamte obere Blende wurde mit der Kanone geschwenkt. Das Höhenrichten der Kanone nahm die Besatzung per Hand vor. Der Bereich lag zwischen –5 und +22 Grad. Der untere Teil des

TECHNISCHE DATEN: Panzerjäger Marder II (Sdkfz 132)

ALLGEMEINE DATEN
Art des Fahrzeugs: leichter Jagdpanzer (Geschützwagen)
Indienststellung: Frühjahr 1942
Besatzung: vier Mann
Kampfgewicht: 10,7 t
Laufwerk: PzKpfw II

ABMESSUNGEN
Länge über alles: 4,88 m
Länge der Wanne: 4,64 m
Breite: 2,30 m
Höhe: 2,65 m

BEWAFFNUNG
Hauptbewaffnung: 7,6-cm-PaK 36(r)
Schwenkbereich der Bordkanone: 33° links, 32° rechts

Nebenbewaffnung: –

MUNITIONSVORRAT
Hauptbewaffnung: 30 Schuß
Nebenbewaffnung: –

PANZERUNG
Wanne vorn (Bug): 30 mm (im Winkel von 78°)
Wanne vorn (Platte für den Fahrer): 30 mm (im Winkel von 90°)
Wanne seitlich: 15 mm (im Winkel von 90°)
Wanne hinten: 8 mm (im Winkel von 90°)
Aufbau vorn: 15 mm (im Winkel von 62°)
Aufbau seitlich: 15 mm (im Winkel

von 84°)
Aufbau hinten: keine
Aufbau oben: keine

ANTRIEB
Motor: Sechszylinder-Reihenmotor Maybach HL 62 TRM
Leistung: 140 PS
Tankinhalt: 200 l

FAHRLEISTUNGEN
Höchstgeschwindigkeit Straße: 45 km/h
Höchstgeschwindigkeit Gelände: 19 km/h
Reichweite Straße: 185 km
Reichweite Gelände: 121 km

Aufbaus sorgte allerdings dafür, daß der seitliche Schwenkbereich nur 65 Grad betrug.

Die starke sowjetische 7,62-cm-Kanone erreichte eine Mündungsgeschwindigkeit von 551 m/s bei Sprenggeschossen und 797 m/s bei panzerbrechenden Geschossen. Diese Geschosse konnten auf 900 Meter eine 81 Millimeter starke Panzerung in einem Winkel von 30 Grad und eine 104 Millimeter starke vertikale Panzerung durchschlagen. Das reichte aus, um mit jedem Panzer des Jahrgangs 1942 fertig zu werden. Der Feuerkraft dieses Panzers stand allerdings eine äußerst bescheidene Panzerung gegenüber. Die zehn bis 14,5 Millimeter dicke Front- und Seitenpanzerung reichte nur gegen Handfeuerwaffen. Der Besatzungsraum im unteren Aufbau war hinten sogar völlig offen, so daß die Besatzung feindlichem Feuer schutzlos ausgesetzt war.

Diese schwache Panzerung war jedoch erforderlich, um das Gewicht der großen Panzerabwehrkanone auszugleichen, denn ursprünglich hatte der PzKpfw II ja nur eine kleine 20-mm-Kanone. Trotz dieser Einschränkungen wog der Marder II schließlich 10,7 Tonnen. Damit war das zulässige Gesamtgewicht des Fahrgestells fast erreicht, und der 140-PS-Reihensechszylinder (Maybach HL 62 TRM) hatte seine Mühe. So konnte das Fahrzeug nur 30 Schuß Munition für die Hauptbewaffnung mitführen. Damit waren die taktischen Einsatzmöglichkeiten der vierköpfigen Besatzung beträchtlich eingeschränkt.

Nachdem Alkett alle 185 verfügbaren PzKpfw II Ausf D und E umgebaut hatte, produzierte die Firma weitere 50 Marder II auf dem Fahrgestell des PzKpfw II Ausf F. Gegen Ende 1942 setzte die Wehrmacht diese 235 Fahrzeuge in den Panzerjägerbataillonen der Infanteriedivisionen an der Ostfront ein. Hier erfreute sich der Marder II (Sdkfz 132) mit seiner 7,62-cm-Kanone rasch großer Beliebtheit, denn er bot endlich die schon lange benötigte Feuerkraft. Der Erfolg des Jagdpanzers Marder II führte zu weiteren Aufträgen: So begann Alkett etwa ab Mitte 1942, eine große Zahl von PzKpfw II Ausf A bis C zu Jagdpanzern umzubauen. Sie erhielten entweder die originale sowjetische 7,62-cm-Feldkanone FK 296(r) (ohne Mündungsbremse) oder die auf die deutsche Munition umgestellte 7,62-cm-Pak 36(r) (mit Mündungsbremse). Bei dieser Version des Marder II saß die Kanone allerdings in einer einteiligen, leicht gepanzerten, dreiseitigen Blende, die unmittelbar auf dem Fahrgestell montiert war. So war der Kampfraum vorn und hinten offen. Gegenüber dem ursprünglichen Marder II fehlte das kastenförmige Unterteil des Aufbaus. Dafür hatte diese Version vorn am Bug eine Auflage, die das lange Rohr bei längeren Fahrten stützen sollte. Diese modifizierte Version des Marder II trug die offizielle Bezeichnung Panzerjäger II Ausf A–C für

7,62-cm-Pak 36(r) (Sdkfz 131). In den Jahren 1942 und 1943 baute Alkett 531 PzKpfw II zu Marder II um. Die Wehrmacht setzte diese Fahrzeuge bei Panzerjägerbataillonen der Panzer- und Infanteriedivisionen ein.

Der Marder II im Gefecht

Die Wehrmacht setzte den Marder II in erster Linie an der Ostfront bei den Panzerjägerbataillonen der Infanterie ein, wo er sich als wertvolle Ergänzung zu den gezogenen Panzerabwehrgeschützen erwies. Ebenfalls im Osten wurde er auch bei den Panzerjägerbataillonen der mechanisierten Divisionen und bei einigen selbständigen Panzerjägereinheiten eingesetzt. In den Jahren 1942 und 1943 waren der Marder II und der verwandte Marder III die einzigen effektiven, beweglichen Panzerabwehrwaffen, die es mit den sowjetischen Panzern aufnehmen konnten. Die westlichen Alliierten stießen erst Anfang 1943 in Tunesien auf dieses Fahrzeug. Sie hatten schnell Respekt vor der mächtigen Panzerabwehrkanone des Marder II, besonders nachdem sie sich 1944 auf dem Italienfeldzug öfter mit ihm auseinandersetzen mußten. Im Jahr 1944 wurde der Marder II dann aber allmählich vom leichten Jagdpanzer 38(t) abgelöst, der schon zu diesem Zweck konstruiert worden war. Einige wenige Marder II blieben bis zum Kriegsende im Einsatz.

Die hohe Silhouette des Fahrzeugs – ein Problem, mit dem viele der frühen improvisierten Gefechtsfahrzeuge aus Deutschland zu kämpfen hatten – machte den Marder II sehr anfällig gegenüber feindlichem Feuer. Trotzdem war das Fahrzeug eine effektive und erfolgreiche Übergangslösung, die relativ schnell produziert werden konnte.

UNTEN *Bei diesem Marder II mit der 7,5-cm-Kanone (Sdkfz 131) fällt sofort die Stütze für das lange Rohr auf. Dieses Fahrzeug wurde an die Panzerjäger ausgegeben und erwies sich als ausgezeichnete Waffenplattform.*

KAPITEL 5

PANZER 35(t)

Mit der Einführung des tschechischen PzKpfw 35(t) im Jahr 1938 konnte die Wehrmacht ihre Panzertruppe rechtzeitig vor dem Polenfeldzug verstärken. Im Jahr 1942 war der Panzer aber überholt und wurde von der Front abgezogen. Er blieb allerdings während des gesamten Krieges beim rumänischen und slowakischen Heer im Dienst.

Am 15. und 16. März 1939 besetzten deutsche Truppen den Rumpfstaat der Tschechoslowakei, der nach dem Münchener Abkommen vom 30. September 1938 gebildet worden war. Hitler integrierte das Protektorat von Böhmen und Mähren in das Deutsche Reich, während die Slowakei auf dem Papier ein selbständiger Verbündeter blieb, in Wahrheit aber auch nur ein Satellitenstaat war. Bei der Besetzung der Tschechoslowakei fiel den deutschen Truppen auch das hochwertige Gerät der tschechoslowakischen Armee in die Hände, die bis zu diesem Zeitpunkt als eine der besten Armeen Europas gegolten hatte. Die Wehrmacht beeilte sich, die beiden wichtigsten tschechischen Panzer, den LT35 und den LT38, zu übernehmen.

LINKS *Eine gemischte Kampfgruppe aus PzKpfw 35(t) und Panzergrenadieren zu Fuß und auf Motorrädern bewegt sich über eine Lichtung auf einen Wald zu. Die Besatzungen haben große Flaggen über ihre Fahrzeuge gezogen, damit sie von der eigenen Luftwaffe erkannt werden.*

Sie bezeichnete die Fahrzeuge in der Folge als PzKpfw 35(t) und 38(t), wobei das „t" auf die tschechische Herkunft hinwies.

Entwicklungsgeschichte

Der erste LT35 wurde 1936 im tschechischen Heer in den Dienst gestellt. Die Panzerbesatzungen mochten das Fahrzeug nicht, weil die ersten Serienexemplare zahlreiche mechanische Defekte aufwiesen, die erst nach über einem Jahr völlig beseitigt waren. Als die Probleme aber gelöst waren, war der Panzer nicht nur beim tschechischen Heer geschätzt, sondern auch auf den Exportmärkten sehr gefragt. Der LT35/PzKpfw 35(t) war ein leichter bis mittlerer Panzer mit einem Gewicht von 10,5 Tonnen, geschützt durch verschraubte und vernietete Panzerplatten mit einer Stärke von 35 Millimetern am Bug und 16 Millimetern an den Seiten. Das Fahrzeug verfügte über eine von Skoda gefertigte 3,72-cm-Kanone vom Typ A3 L/40 mit gezogenem

Rohr und zwei 7,92-mm-MG vz 37, eines koaxial im Turm montiert und ein weiteres im Bug der Wanne. Im tschechischen Heer wurde der LT35 von einer dreiköpfigen Besatzung bedient, bei der Wehrmacht hingegen von vier Mann.

Der PzKpfw 35(t) hatte ein robustes Laufwerk mit acht paarweise angeordneten Laufrollen, die an je zwei Halbfedern hingen. Die Kombination aus dem stabilen Laufwerk und dem 120 PS starken Vergasermotor Skoda T-11 ermöglichte auf der Straße die ordentliche Höchstgeschwindigkeit von 40 km/h und eine Reichweite von 200 Kilometern. Der Panzer zeichnete sich durch eine durchdachte Konstruktion aus, bei der viel Wert auf leichte Bedienung gelegt wurde. Der Fahrer steuerte den Panzer über eine pneumatische Lenkung. So war der PzKpfw 35(t) zwar leicht zu fahren, dafür aber mechanisch sehr kompliziert. Die deutschen Panzerbesatzungen stellten schnell fest, daß er intensiver Wartung bedurfte, um voll einsatzbereit zu bleiben.

Im März 1939 verfügte das tschechische Heer über 297 Panzer LT35, wovon die Wehrmacht 218 Stück übernahm. Die restlichen 79 Fahrzeuge wurden an die Slowakei abgegeben. Die Wehrmacht setzte 112 PzKpfw 35(t) bei der 1. Leichten Division ein, einem Panzeraufklärerverband, der Aufklärungs- und Sicherungsaufgaben übernahm. Beim Polenfeldzug kam der PzKpfw 35(t) in großer Zahl zum Einsatz, denn er mußte als Übergangslösung herhalten, bis genügend mittlere Panzer vom Typ PzKpfw III produziert worden waren.

Zwischen dem Polenfeldzug und dem Feldzug im Westen baute die unter deutscher Kontrolle stehende tschechische Firma Skoda weitere 30 PzKpfw 35(t). Dieses Fahrzeug sollte im Mai 1940 eine wichtige Rolle beim deutschen Feldzug im Westen spielen, wo die 6. Panzerdivision, die aus der 1. Leichten Division hervorgegangen war, insgesamt 116 PzKpfw 35(t) einsetzte. Die deutschen Truppen, die die Grenze des besetzten Polen zur Sowjetunion überwachten, erhielten weitere 37 PzKpfw 35(t).

Am Vorabend der Operation Barbarossa standen noch etwa 189 PzKpfw 35(t) im Dienst der Wehrmacht, die meisten davon bei der 6. Panzerdivision. Dieser Verband hatte einen starken Anteil an dem enorm schnellen Vormarsch der Wehrmacht, der erst im Dezember 1941 kurz vor Moskau im bitterkalten Winter seinen Schwung verlor und zum Erliegen kam.

Anfang 1942 war der PzKpfw 35(t) endgültig überholt, aber da die Wehrmacht jeden Panzer brauchte, zögerte sie noch, die alten Modelle auszusondern, zumindest, bis die stärkeren PzKpfw III und IV in ausreichender Zahl zur Verfügung standen. Trotzdem machte sich das Heer daran, die wenigen PzKpfw 35(t), die noch an der Ostfront eingesetzt

waren, zurückzuziehen. Nach dem Sommer setzten nur noch die verbündeten Streitkräfte, insbesondere die der Slowakei und Rumäniens, den PzKpfw 35(t) an der Ostfront ein. Die slowakische schnelle Division hatte bei ihrem Rückzug aus dem Kaukasus im Winter 1942/43 immer noch einige LT35 und LT38 in ihren Reihen. Dieser Eliteverband leistete erbitterten Widerstand und erwarb sich damit den Respekt der benachbarten deutschen Truppen. Ein Regiment tschechischer LT35, die die Rumänen vor dem Krieg erworben hatten, war bis zum November 1942 bei der 1. rumänischen Panzerdivision im Einsatz. Dieses Regiment wurde bei demselben sowjetischen Gegenangriff zerstört, bei dem auch die sechste Armee bei Stalingrad eingekesselt wurde.

Das deutsche Heer hatte bereits 1940 festgestellt, daß das Laufwerk des 35(t) nicht als Grundlage für ein selbstfahrendes Geschütz geeignet war und so die Entscheidung getroffen, im Sommer 1940 nicht nur die Produktion des PzKpfw 35(t), sondern auch die seines Laufwerks einzustellen. Von 1942 an rüstete die Wehrmacht die wenigen verbliebenen 35(t) in Zugmaschinen für Mörser- und Artilleriegeschosse um. Im Rahmen dieser Maßnahmen wurden die Türme abgebaut. Die so entstandenen Schlepper hatten zwei Mann Besatzung und konnten Lasten bis zu zwölf Tonnen ziehen. Mit einer ähnlichen Umrüstung entstand auch ein Fahrzeug für die Bergung liegengebliebener Panzer. Diese Maßnahme ergab sich aus der neuen Politik des Oberkommandos aus dem Jahr 1942, jeden Versuch zu unternehmen, beschädigte Panzer zu bergen, bevor sie dem Feind in die Hände fielen.

Der PzKpfw 35(t) im Gefecht

Beim Polenfeldzug verfügten die Achsenmächte über etwa 298 PzKpfw 35(t). Der größte Teil – 218 Panzer – war bei der Wehrmacht eingesetzt, die restlichen 80 Panzer gehörten zur schnellen Division des slowakischen Heeres. Von den deutschen Panzern waren 112 bei der 1. Leichten Division eingesetzt. Es gab insgesamt vier solcher Divisionen, die sozusagen leicht gepanzerte Versionen der eigentlichen Panzerdivisionen waren. Die leichten Divisionen hatten weniger und schwächere Kampfpanzer als die Panzerdivisionen. Die 1. Leichte Division zählte allerdings zu den stärksten unter ihnen. Denn sie verfügte nicht nur über mehr als 100 PzKpfw I und II und die Handvoll PzKpfw III und IV, die alle leichten Divisionen hatten, sondern darüber hinaus über vier mittlere Kompanien, die alle mit dem PzKpfw 35(t) ausgestattet waren.

Die Wehrmacht setzte den PzKpfw 35(t) in Polen als mittleren Panzer ein. Die Verzögerungen bei der Produktion des mittleren PzKpfw III und des mittleren bis schweren

PzKpfw IV sorgten dafür, daß die deutsche Panzertruppe in großem Umfang auf die leichten und wenig wirksamen PzKpfw I und II zurückgreifen mußte. Unter diesen Umständen wurde die Möglichkeit, den 35(t) mit seiner 3,7-cm-Kanone einsetzen zu können, beim deutschen Heer freudig begrüßt. So konnte die Schlagkraft der deutschen Panzertruppe wesentlich erhöht werden. Der PzKpfw 35(t) spielte schließlich eine entscheidende Rolle beim Polenfeldzug: Am 3. September 1939, dem dritten Tag des Polenfeldzugs, focht die 1. Leichte Division einen erbitterten Kampf aus, um

TECHNISCHE DATEN: Panzerkampfwagen 35(t)

ALLGEMEINE DATEN
Art des Fahrzeugs: leichter/mittlerer Panzer
Indienststellung: 1935 (tschechisches Heer), Frühjahr 1939 (Wehrmacht)
Besatzung: vier Mann
Kampfgewicht: 10,5 t

ABMESSUNGEN
Länge über alles: 4,45 m
Länge der Wanne: 4,45 m
Breite: 2,14 m
Höhe: 2,20 m

BEWAFFNUNG
Hauptbewaffnung: 3,72-cm-KwK A3(t) L/40

Nebenbewaffnung: 2x 7,92-mm-MG(t), 1x koaxial im Turm, 1x Bug

MUNITIONSVORRAT
Hauptbewaffnung: 72 Schuß
Nebenbewaffnung: 1800 Schuß

PANZERUNG
Wanne vorn (Bug): 25 mm (im Winkel von 40°)
Wanne vorn (Platte für den Fahrer): 25 mm (im Winkel von 76°)
Wanne seitlich: 16 mm (im Winkel von 87°)
Wanne hinten: 16 mm (im Winkel von 30°)
Turm vorn: 25 mm (im Winkel von 85°)

Turm seitlich: 15 mm (im Winkel von 76°)
Turm hinten: 15 mm (im Winkel von 82°)
Turm oben: 12 mm (im Winkel von 0° bis 5°)

ANTRIEB
Motor: Vierzyl.-Reihenmotor Skoda T11
Leistung: 120 PS
Tankinhalt: 153 l

FAHRLEISTUNGEN
Höchstgeschwindigkeit Straße: 40 km/h
Höchstgeschwindigkeit Gelände: 20 km/h
Reichweite Straße: 190 km
Reichweite Gelände: 115 km

OBEN *Eine Reihe tschechischer Panzer im Dienst des slowakischen Heeres während der Operation Barbarossa. Beim Panzer im Vordergrund und dem Fahrzeug hinten links handelt es sich um PzKpfw 38(t), die anderen sind PzKpfw 35(t).*

einen Brückenkopf an der Warthe einzurichten. Die 3,7-cm-Kanonen des PzKpfw 35(t) lieferten vehemente Feuerunterstützung von hinten, so daß die deutschen Sturmtruppen den Fluß überqueren und auf dem sumpfigen Gelände des anderen Ufers Fuß fassen konnten. Bei den schnellen Vorstößen über die Weichsel und darüber hinaus bewies der PzKpfw 35(t) seinen taktischen Wert. Besonders die 3,7-cm-Kanone war äußerst wirksam gegen die leichte Panzerung der polnischen Kleinpanzer TK und TKS. Während des achttägigen Vormarsches der 1. Leichten Division auf Radom legten die PzKpfw 35(t) über 800 Kilometer zurück und bewiesen ihre mechanische Zuverlässigkeit und Beweglichkeit. Es zeigte sich aber auch, daß die Panzer trotz allem intensiver Wartung bedurften. Denn magelhafte Wartung und die daraus entstandenen Pannen hatten die deutsche Panzertruppe schon 1938 während des friedlichen Vormarschs auf Österreich beschäftigt.

Die PzKpfw 35(t) spielten beim Polenfeldzug eine wichtige Rolle. Die mit diesem Panzer ausgestatteten Einheiten standen an der Spitze des schnellen Vorstoßes der 1. Leichten Division. Dementsprechend hoch waren die Verluste. Von den 112 PzKpfw 35(t) wurden im Lauf des Gefechts immerhin zwölf zerstört und weitere 65 beschädigt. Im Juni 1941 nahmen etwa 189 PzKpfw 35(t) an der Invasion der Sowjetunion teil. Die meisten wurden bei der 6. Panzerdivision eingesetzt, die aus der 1. Leichten Division hervorgegangen war. Dieser Verband verlor viele seiner Panzerkampfwagen 35(t) bei den erbitterten Kämpfen während der ersten Monate der Operation Barbarossa, besonders bei den Kämpfen in der Gegend von Klin unweit von Moskau Anfang Dezember 1941.

Im kalten russischen Winter 1941/42 mußte die Wehrmacht dann auch noch feststellen, daß die pneumatische Lenkung des PzKpfw 35(t) zum Einfrieren neigte. Die Einheiten mußten spezielle Heizgeräte benutzen, um zu verhindern, daß die Lenkung völlig festfror. Da es auch keinen Frostschutz für das Kühlwasser gab, mußten die Besatzungen oft Feuer unter den Panzern entfachen und die Motoren alle 30 Minuten starten, damit sie nicht einfroren. Dazu kam noch, daß der PzKpfw 35(t) nicht von Hand gestartet werden konnte. Die Panzerkampfwagen I bis IV und auch der 38(t) hatten diese sinnvolle Einrichtung. Wegen dieser und anderer Probleme schickte die Heeresleitung die noch mit dem 35(t) ausgestatteten Teile der 6. Panzerdivision nach Deutschland zurück, um sie dort mit dem modernen PzKpfw III auszustatten.

Es nahm auch nicht jeder deutsche PzKpfw 35(t) an der Operation Barbarossa teil. Das Oberkommando behielt eine kleine Zahl als Reserve in Deutschland. Im September 1941 benutzte das Heer diese Fahrzeuge, um die neu aufgestellte 22. Panzerdivision auszurüsten. Im Frühjahr 1942 wurde dieser Verband an die Ostfront gebracht, so daß der Panzerkampfwagen 35(t) zum zweiten Mal dort erschien. In der Folge nahmen die tschechischen Panzer der 22. Panzerdivision im Sommer 1942 an dem ehrgeizigen Vorstoß der Wehrmacht auf die Ölfelder des Kaukasus und auf Stalingrad teil. Die starke sowjetische Gegenoffensive im Winter 1942/43 zerschlug die 22. Panzerdivision jedoch und vernichtete die wenigen verbliebenen PzKpfw 35(t).

Nach diesem Ereignis verschwand der 35(t) an der Ostfront. Einige Fahrzeuge wurden dann noch im Hinterland im Kampf gegen Partisanen eingesetzt. Ein paar PzKpfw 35(t) kämpften sogar noch im Jahr 1944, nun allerdings gegen die Wehrmacht! Einige wenige LT35 waren nämlich noch beim slowakischen Heer geblieben und nahmen nun am Aufstand

der Slowakei im August 1944 teil. Allerdings mußten sich alle dieser Panzer der überlegenen Feuerkraft der deutschen Panzer geschlagen geben, die massiv eingesetzt wurden, um den Aufstand niederzuschlagen.

UNTEN *Die für die tschechischen Panzer charakteristische genietete Panzerung ist bei diesem PzKpfw 35(t) besonders gut zu erkennen. Ebenso auffällig ist das nach hinten abfallende Laufwerk. Ungewöhnlich ist auch die Konstruktion der Hauptwaffe, der 3,72-cm-Kanone Skoda A3.*

KAPITEL 6

PANZER 38(t)

In den Jahren 1939 bis 1941 stützte sich das deutsche Heer stark auf den zuverlässigen tschechischen PzKpfw 38(t), da nur eine geringe Zahl von PzKpfw III zur Verfügung stand. Die Ausführungen D, E und F unterstützten die Panzerdivisionen schon zum Beginn der Operation Barbarossa im Juli 1941. Die Ausführung G war sogar noch 1944 im Dienst.

As Deutschland am 15./16. März 1939 die Tschechoslowakei besetzte, war das modernste Kampffahrzeug des tschechischen Heeres der leichte Panzer TNHP-S oder LT38. Die Produktion des LT38 hatte erst Ende 1938 begonnen, so daß Mitte März nur ein einziges Fahrzeug der ersten Baureihe tatsächlich fertiggestellt war. Acht weitere Fahrzeuge waren kurz vor der Fertigstellung. Im Mai 1939 führte die Wehrmacht ausgiebige Erprobungen mit dem LT38 durch und kam zu dem Schluß, daß es sich um ein ausgezeichnetes Fahrzeug handelte. Er war dem PzKpfw I und II weit überlegen und dem PzKpfw III ebenbürtig. Bis zu diesem Zeitpunkt hatten die tschechischen Werke, die nun unter deutscher Aufsicht standen, die

ersten neun LT38 fertiggestellt. Sie wurden sofort von der Wehrmacht übernommen und erhielten die Bezeichnung PzKpfw 38(t).

Ende Mai 1939 erteilte das Waffenamt dem ursprünglichen Hersteller des LT38, CKD in Prag, der nun unter dem Namen Böhmisch-Mährische Maschinenwerke (BMM) arbeitete, den Auftrag, die 150 Fahrzeuge fertigzustellen, die das tschechische Heer noch im Jahr 1938 bestellt hatte. Die Werke bauten diese 150 Fahrzeuge als PzKpfw 38(t) Ausf A zwischen Mai und November 1939. Im Schnitt wurden jeden Monat 21 Exemplare fertiggestellt. Ende 1939 kam der Auftrag aus Deutschland, weitere 325 leicht modifizierte PzKpfw 38(t) der Ausführungen B, C und D zu bauen. Die Werke begannen im Januar 1940 und erfüllten den Auftrag innerhalb von elf Monaten. Dabei schafften sie 30 Panzer pro Monat. Nun erteilte die Wehrmacht einen neuen Auftrag über 525 PzKpfw 38(t) der Ausführungen E und F. Die Firma in Prag erfüllte diesen Auftrag innerhalb eines Jahres, von

LINKS Eine Gruppe von PzKpfw 38(t) des 25. Panzerregiments von General Rommels 7. Panzerdivision gönnt sich eine Pause. Kurz darauf wird sie die französischen Verteidigungsstellungen entlang der Somme angreifen.

November 1940 bis zum Oktober 1941. Die monatliche Produktion lag inzwischen bei 44 Exemplaren. Schließlich lieferte BMM auch noch 321 Exemplare der letzten Baureihe, des PzKpfw 38(t) Ausf G. Dieser Auftrag umfaßte 500 Fahrzeuge und wurde zwischen Oktober 1941 und Juli 1942 ausgeführt. Danach wurde die Produktion des PzKpfw 38(t) eingestellt. Zwischen 1939 und 1942 baute BMM ungefähr fünf Prozent der PzKpfw 38(t) Ausf A–G als Befehlswagen, also insgesamt etwa 70 Stück.

Die einzige Variante des PzKpfw 38(t) war der TNHhA oder PzKpfw 38(t)nA (neue Ausführung), ein schneller Aufklärungspanzer. Er hatte eine 35 Millimeter dicke, verschweißte Panzerung, die das Gewicht des Fahrzeugs auf 15 Tonnen brachte. Dieser Mangel wurde aber mehr als wettgemacht durch den Einbau eines wesentlich stärkeren V8-Motors von Praga, der 250 PS leistete. Mit dieser Maschine lag die Höchstgeschwindigkeit auf der Straße bei beeindruckenden 60 km/h. 1942 unterzog das deutsche Heer diesen Panzer einer ausgedehnten Erprobung und stellte fest, daß der 38(t)nA anderen schnellen Panzern unterlegen war. So wurde das Projekt storniert, nachdem gerade einmal 15 Vorserienfahrzeuge fertiggestellt waren.

Der PzKpfw 38(t) war ein ausgezeichneter leichter bis mittlerer Panzer mit einer ausgewogenen Kombination aus Feuerkraft, Schutz und Beweglichkeit. Die Hauptbewaffnung bestand aus einer 3,72-cm-Skoda-Kanone vom Typ A7/L40. Einige unter deutscher Aufsicht produzierte Fahrzeuge verfügten über die deutsche 3,7-cm-KwK L/45. Die

OBEN *Ein PzKpfw 38(t) überquert eine Behelfsbrücke, die die deutschen Pioniere über eine Sperre gelegt haben. Es scheint sich um einen Panzerabwehrgraben zu handeln. Auch hier ist die nach hinten abfallende Kette, ein typisches Merkmal der tschechischen Panzer, gut zu erkennen.*

Skoda A7 hatte eine höhere Durchschlagskraft als die 3,72-cm-Kanone A3, mit der der PzKpfw 35(t) ausgerüstet war. Das panzerbrechende Geschoß der A7 konnte auf 1100 Meter eine 32 Millimeter dicke Panzerung durchschlagen. Das Fahrzeug führte 90 Schuß Munition für die Hauptbewaffnung mit, die meisten davon in einem großen Staukasten hinten am Turm.

Die Panzerung des PzKpfw 38(t) Ausf A bestand aus 25 Millimeter dicken, vernieteten Stahlplatten am Bug der Wanne. Oben auf der Wanne war sie nur acht Millimeter stark. Die deutschen Panzerwerke fügten von der Ausführung E an eine zusätzliche 25-mm-Panzerplatte am Bug hinzu, so daß die Bugpanzerung nun insgesamt 50 Millimeter dick war. Bei den ersten in Deutschland gebauten 38(t) wurde der ursprüngliche Praga-Motor mit 125 PS eingebaut. Die letzten 500 von BMM gebauten Panzer wurden allerdings durch den stärkeren EPA/AAC-Motor mit 150 PS angetrieben. Mit diesem Motor erreichte der PzKpfw 38(t) respektable 42 km/h auf der Straße und die gute Reichweite von 250 Kilometern.

Die Wehrmacht übernahm den robusten, zuverlässigen PzKpfw 38(t) und stellte ihn anschließend unter deutscher Aufsicht her. Er erwies sich als ausgezeichnete Übergangslösung für die PzKpfw III und IV, deren Auslieferung sich länger als erwartet hinzog. Zwischen 1939 und 1942 war der PzKpfw 38(t) zwar als Kampfpanzer für den Fronteinsatz nicht mehr geeignet, erwies sich aber immer noch als ausgezeichneter leichter bis mittlerer Panzer im Dienst der Wehrmacht. Sie setzte diesen Panzer zur Unterstützung des mittleren PzKpfw III und zur Ergänzung der leichten PzKpfw I und II in der Rolle als Aufklärer ein. BMM produzierte den PzKpfw 38(t) über drei Jahre und drei Monate, vom Mai 1939 bis zum Juli 1942. Insgesamt wurden bei BMM 1414 PzKpfw 38(t) gebaut, der monatliche Ausstoß lag bei 36 Exemplaren. Am höchsten war die Produktivität im Jahr 1941, als BMM 698 Fahrzeuge baute, das heißt 58 Stück pro Monat. Von der Gesamtproduktion gab Deutschland 231 PzKpfw 38(t) an die verbündeten Staaten ab, um deren dürftige Panzertruppe aufzurüsten.

TECHNISCHE DATEN: Panzerkampfwagen 38(t) Ausf A

ALLGEMEINE DATEN
Art des Fahrzeugs: leichter/mittlerer Panzer
Indienststellung: 1938 (tschechisches Heer), Frühjahr 1939 (Wehrmacht)
Besatzung: vier Mann
Kampfgewicht: 9,7 t

ABMESSUNGEN
Länge über alles: 4,90 m
Länge der Wanne: 4,90 m
Breite: 2,06 m
Höhe: 2,37 m

BEWAFFNUNG
Hauptbewaffnung: 3,7-cm-KwK A7(t) L/40 oder 3,7-cm-KwK L/45

Nebenbewaffnung: 2x 7,92-mm-MG 37(t), 1x koaxial im Turm, 1x Bug

MUNITIONSVORRAT
Hauptbewaffnung: 90 Schuß
Nebenbewaffnung: 2700 Schuß

PANZERUNG
Wanne vorn (Bug): 25 mm (im Winkel von 25°)
Wanne vorn (Platte für den Fahrer): 25 mm (im Winkel von 80°)
Wanne seitlich: 17,5 mm (im Winkel von 90°)
Wanne hinten: 10 mm (im Winkel von 80°)
Turm vorn: 25 mm (im Winkel von 84°)
Turm seitlich: 25 mm (im Winkel von 74°)

Turm hinten: 25 mm (im Winkel von 86°)
Turm oben: 10 mm (im Winkel von 0° bis 4°)

ANTRIEB
Motor: Sechszylinder-Reihenmotor Praga EPA TZJ
Leistung: 125 PS
Tankinhalt: 218 l

FAHRLEISTUNGEN
Höchstgeschwindigkeit Straße: 42 km/h
Höchstgeschwindigkeit Gelände: 15 km/h
Reichweite Straße: 230 km
Reichweite Gelände: 165 km

Spezielle Versionen

Mitte 1942 war der PzKpfw 38(t) als Kampfpanzer an der Front endgültig überholt, und so wurden viele Panzer zu Selbstfahrlafetten für Geschütze umgerüstet. In den Jahren 1942 und 1943 wurden 175 PzKpfw 38(t) zu Selbstfahrgeschützen umgebaut, die mit der Panzerabwehrkanone 7,5-cm-Pak 40/3 ausgestattet waren. Weitere 19 PzKpfw 38(t) wurden zu Jagdpanzern Marder III modifiziert und erhielten die erbeutete sowjetische 7,62-cm-Pak 36(r). In den Jahren 1943 und 1944 wurden schließlich etwa 70 Aufklärungspanzer 38(t) gebaut, indem der Turm entfernt und durch den Turm eines Panzerwagens ersetzt wurde. Diese Fahrzeuge wurden an die Panzeraufklärungsbataillone der Elitepanzerdivisionen ausgegeben. Bei anderen Fahrzeugen wurde der Turm abgebaut, um sie dann als Munitionsträger einzusetzen.

Obwohl die Wehrmacht die Produktion des PzKpfw 38(t) im Juli 1942 einstellte, baute die deutsche Rüstungsindustrie das hervorragende Laufwerk weiter und erhöhte die Produktion bis zum März 1945 immer weiter.

Ab Oktober 1944 wurde der gesamte deutsche Panzerbau rationalisiert und auf drei Laufwerke beschränkt: Den 38(t), den Panther und den Königstiger. Zwischen 1942 und 1944 wurden etwa 344 neu gebaute Laufwerke 38(t) als Plattformen für den Jagdpanzer Marder III benutzt. Weitere 2396 vergrößerte Laufwerke wurden 1944–45 als Basis für den leichten Jagdpanzer 38(t) Hetzer gebaut, während

UNTEN *Dies Bild, das Rommel selbst von seinem Befehlswagen aus gemacht haben soll, zeigt PzKpfw 38(t) seiner Panzerdivision in Frankreich im Mai 1940. Das Fahrzeug im Vordergrund ist der Befehlswagen des Regimentskommandeurs.*

162 Laufwerke die Grundlage für den Flakpanzer 38(t) bildeten. Es handelte sich um eine Übergangslösung mit einer 2-cm-Flugabwehrkanone, mit der man den Luftangriffen der Alliierten begegnen wollte, bis der zweckgebundene Flakpanzer IV in Dienst gestellt werden konnte. Schließlich wurden im Jahr 1944 auch noch etwa 102 verbesserte Laufwerke 38(t) Ausf K zu Munitionsträgern umgerüstet.

Insgesamt wurden in Deutschland etwa 4600 Laufwerke 38(t) als Plattform für die verschiedenen Geschütze, den Jagdpanzer Hetzer und etliche andere spezialisierte Panzerfahrzeuge gebaut. Zusätzlich zu den 1414 PzKpfw 38(t) und 15 PzKpfw 38(t)nA, die in Deutschland gebaut wurden, fertigte BMM im Lauf des Krieges noch mehr als 6000 Laufwerke 38(t), ein Beweis für die Qualität der ursprünglichen tschechischen Konstruktion.

Der PzKpfw 38(t) im Gefecht

Während des Polenfeldzugs setzte die Wehrmacht 80 Panzerkampfwagen 38(t) Ausf A bei der 2. und 3. Leichten Division ein. Bei diesen Verbänden handelte es sich um kleinere und schwächere Ausgaben der echten Panzerdivisionen, die in erster Linie Aufklärungs- und Sicherungsaufgaben übernahmen. Nach dem deutschen Sieg in Polen wurden beide zu richtigen Panzerdivisionen aufgestockt und hießen nun 7. und 8. Panzerdivision. Im April 1940 nahmen etwa 15 Panzerkampfwagen 38(t) an der Invasion in Norwegen teil. Die Steigerung der Produktion des PzKpfw 38(t) in Deutschland sorgte Anfang 1940 dafür, daß dieser Panzer in großer Zahl zur Verfügung stand. Daher stellte er im Mai 1940 beim Feldzug im Westen fast ein Zehntel aller deutschen Panzer. Das deutsche Heer setzte bei diesem Feldzug 228 der 238 verfügbaren PzKpfw 38(t) ein. Die Gesamtzahl aller eingesetz-

ten Panzer betrug 2574. Die meisten PzKpfw 38(t) waren wieder in der 7. und 8. Panzerdivision zusammengefaßt, wo sie die fehlenden Panzerkampfwagen III bei den mittleren Kompanien ersetzten. General Erwin Rommels berühmte 7. Panzerdivision, bald schon wegen ihrer schnellen Vorstöße als „Geisterdivision" bezeichnet, verfügte über 132 PzKpfw 38(t), während die 8. Panzerdivision 85 dieser Panzer in ihren Reihen hatte.

Rommels 7. Panzerdivision gehörte zum XV. Panzerkorps unter General Hoth, das sich nach dem kühnen Sichelschnittplan von Erich von Manstein durch die nördlichen Ardennen kämpfte und die strategische Überraschung auf ihrer Seite hatte. Bei Tagesanbruch am 15. Mai 1940 überquerte Rommels Division den Brückenkopf über die Maas und traf in der Nähe von Flavion zum ersten Mal auf den schweren französischen Panzer Char B. Dieser war den deutschen Panzern in jeder Hinsicht gewachsen. Rommels Division kämpfte gegen Teile der 1. französischen Panzerdivision, die über 68 schwere Panzer Char B und 90 leichtere Hotchkiss H35 verfügte. Die Deutschen mußten mit Schrecken feststellen, daß die 3,7-cm-Kanone des PzKpfw 38(t) die Frontpanzerung des Char B nicht durchschlagen konnte. Die Besatzungen des PzKpfw 38(t) lernten aber schnell, auf die verwundbaren Teile der feindlichen Panzer, also auf die Kühlerschlitze und die Ketten zu zielen, um die schweren französischen Fahrzeuge außer Gefecht zu setzen.

Der taktische Nachteil konnte aber einen Führer wie Rommel nicht aufhalten. Er umging die französische Verteidigung und überließ den nachfolgenden deutschen Panzer-

kräften und der Luftwaffe die Vernichtung der französischen Panzer. Inzwischen setzte er seinen rasanten Vorstoß an den Ärmelkanal fort und stellte damit den Wert der Blitzkriegtaktik unter Beweis.

Zum Beginn der Operation Barbarossa war die Zahl der verfügbaren PzKpfw 38(t) auf 754 gestiegen. Während der ersten Wochen des Angriffs stellte der PzKpfw 38(t) fast ein Viertel aller beteiligten deutschen Panzer. Die meisten waren in den Panzerdivisionen, der 7., 8., 12., 19. und 20. Panzerdivision zusammengefaßt. Trotz der erhöhten Produktion fiel die Zahl der an der Ostfront eingesetzten PzKpfw 38(t) bis zum April 1942 auf 522 Stück. Die Erfahrungen aus den Kämpfen mit den neuen sowjetischen T34 und KV1 hatten gezeigt, daß der PzKpfw 38(t) inzwischen nicht mehr auf der Höhe der Zeit war. Da aber Panzer dringend benötigt wurden, ließ die Wehrmacht das zuverlässige Fahrzeug bis zum Juli 1942 weiterbauen. Vom Sommer 1942 an, als der PzKpfw 38(t) endgültig zum alten Eisen zählte, wurden allerdings immer mehr dieser Panzer aus dem Gefecht genommen oder zu Selbstfahrgeschützen oder anderen Spezialfahrzeugen umgerüstet. Mitte 1944 waren zwar immer noch 229 Panzerkampfwagen 38(t) im Dienst der Wehrmacht, sie wurden aber von den Besatzungstruppen in ganz Europa genutzt.

KAPITEL 7

MARDER III

Die Operation Barbarossa zeigte deutlich, daß die Wehrmacht den Bau von Jagdpanzern verschlafen hatte. Um dieses Problem kurzfristig zu lösen, wurde der improvisierte Marder III auf dem zuverlässigen Laufwerk des PzKpfw 38(t) gebaut. Als Bewaffnung wurden leistungsfähige Panzerabwehrkanonen installiert.

O bwohl Deutschland bis zum Ausbruch des Zweiten Weltkriegs eine schlagkräftige Panzertruppe geschaffen hatte, die in der Lage war, unabhängig strategische Operationen durchzuführen, hatte das stark offensiv orientierte deutsche Heer kaum einen Gedanken daran verschwendet, gegnerische Panzer aufzuhalten. Bei der Invasion der Sowjetunion stellte man jedoch schnell fest, daß die üblichen gezogenen Panzerabwehrgeschütze 3,7 cm, 4,7 cm und 5 cm wenig gegen die Frontpanzerung des neuen sowjetischen mittleren Panzers T34 und der schweren KV 1 ausrichten konnten. Als die Deutschen tiefer in die Sowjetunion eindrangen, wurden ihre Kräfte immer weiter auseinandergezogen und so auch immer verwundbarer für sowjetische Gegenangriffe. Danach sorgten der

LINKS *Ein zerstörter Jagdpanzer Marder III Ausf M (Sdkfz 138) mit 7,5-cm-Kanone. Bei dieser Version war der Motor weit nach vorn gerückt, so daß der Aufbau zurückverlegt werden konnte.*

Schlamm im Herbst und der Schnee im Winter dafür, daß das Gerät stetig knapper wurde und die deutsche Infanterie den Gegenangriffen ziemlich schutzlos ausgesetzt war. Überall an der Front verlangten die Truppen lautstark nach mehr beweglicher Feuerkraft zur Panzerabwehr. Beim Beginn der Operation Barbarossa hatte die Wehrmacht jedoch gerade einmal 132 Panzerjäger I mit der tschechischen 4,7-cm-Panzerabwehrkanone in einem offenen und damit leicht verwundbaren Kampfraum auf dem Laufwerk des PzKpfw I.

Entwicklungsgeschichte

Nach den Erfahrungen an der Ostfront befahl das Heereswaffenamt am 22. Dezember 1941 Konstruktion und Bau eines improvisierten leichten Jagdpanzers. Dieses Fahrzeug, bezeichnet als Marder III, erhielt die erbeutete sowjetische Feldkanone 7,62 cm M 36 (angepaßt an die deutsche 7,5-cm-Pak-Standardmunition) auf dem Laufwerk des zuverlässigen PzKpfw 38(t). Ein neuer Aufbau wurde mit Hilfe einer

LINKS *Ein Jagdpanzer Marder III (Sdkfz 138) mit 7,5-cm-Kanone. Bei diesem Fahrzeug saß der Motor im Heck. Der nach vorn gerückte Kampfraum machte das Fahrzeug sehr kopflastig.*

spezielle Drehscheibe oben auf das Laufwerk des PzKpfw 38(t) Ausf G montiert. Dieser Aufbau bestand aus einer kleinen dreiseitigen, schwach gepanzerten Zelle mit einer verlängerten Rohrblende und festen Seiten, die Richt- und Ladeschützen einen rudimentären Schutz gegen feindliches Handwaffenfeuer boten. Dieser Kampfraum wurde mit der Rohrblende verschraubt und mit rohrförmigen Trägern an der Kanonenhalterung befestigt. So drehte sich der gesamte Panzerschild mit der Kanone. Der untere, größere Teil des Kampfraums war mit dem Aufbau verschraubt und bestand aus 15 Millimeter starken Panzerplatten.

Die 4,2 Meter lange, sowjetische 7,62-cm-Kanone war auf dem Marder III recht weit vorn angeordnet und ragte deshalb weit über den Bug des Fahrzeugs hinaus. Sie bot eine Mündungsgeschwindigkeit von 551 m/s bei Sprenggeschossen und 990 m/s bei panzerbrechenden Geschossen. Diese konnten auf 900 Meter immerhin eine 81 Millimeter starke Panzerung bei einem Winkel von 30 Grad durchschlagen. Zur Selbstverteidigung hatte das Fahrzeug nur die standardmäßige Nebenbewaffnung des Panzerkampfwagen 38(t), also ein 7,92-mm-MG 37(t) vorn im Bug, sowie einen Nebelwerfer.

Um das Fahrzeug so schnell wie möglich produzieren zu können, wurden nur wenige Modifikationen vorgenommen. Das brachte mit sich, daß der Panzer für seine Größe eine aufragende Silhouette mit 2,50 Metern Höhe hatte. Der mechanische Aufbau und die Baugruppen entsprachen dem PzKpfw 38(t) Ausf G. Zur Umrüstung genügte es, den Turm und die Abdeckplatte der Wanne zu entfernen. Durch den Einbau einer 7,62-cm-Kanone, die viel länger war als die ursprüngliche 3,7-cm-Kanone des PzKpfw 38(t), stieg das Gewicht des Fahrzeugs deutlich, nämlich auf 10,7 Tonnen. Um das Gewicht so niedrig wie möglich zu halten – denn

das Laufwerk war fast schon an der Grenze seiner Kapazität angelangt –, konnte man den Kampfraum nur schwach panzern und ihm kein Dach geben. So war die Besatzung stark gefährdet. Die größere Kanone brachte auch Platzprobleme mit sich. So blieb an Bord gerade einmal Raum für 36 Schuß Munition für die Hauptwaffe, was die taktische Nutzung des Fahrzeugs einschränkte. Es stand so wenig Platz zur Verfügung, daß sogar Munition an den dünnen Panzerplatten des Aufbaus befestigt werden mußte – angesichts des bescheidenen Panzerschutzes eine nicht ganz ungefährliche Praxis.

Der Marder III mit 7,62-cm-Kanone (Sdkfz 139) im Dienst

Das deutsche Heer bezeichnete das Fahrzeug offiziell als Panzerjäger 38(t) für 7,62-cm-Pak 36(r) (Sdkfz 139). Hitler persönlich soll ihm am 27. Februar 1942 den Namen Marder III gegeben haben. Die Produktion begann am 24. März 1942 bei BMM in Prag, und im ersten Monat wurden bereits 17 Fahrzeuge fertiggestellt. Das Produktionsziel lag bei 30 Einheiten pro Monat.

Die ersten Fahrzeuge trafen im April 1942 bei der deutschen Infanterie an der Ostfront ein und bewiesen schnell ihren taktischen Nutzen. Sie waren die einzigen beweglichen Panzerabwehrwaffen, die die Frontpanzerung des sowjetischen T34 auf die typische Kampfentfernung durchschlagen konnten. Hitler bestand allerdings darauf, die meisten Fahrzeuge zunächst nach Nordafrika zu liefern, um gegen den schweren britischen Panzer Matilda II zu kämpfen. Dessen Frontpanzerung konnte die deutsche 5-cm-Panzerabwehrkanone nämlich nichts anhaben, es sei denn auf allerkürzeste Entfernung. Die britischen Truppen waren von der Leistung des Marder III so beeindruckt, daß sie zunächst glaubten, es mit 8,8-cm-Kanonen zu tun zu haben.

Der Marder III mit 7,5-cm-Kanone (Sdkfz 138)

Der neue Marder III mit 7,5-cm-Kanone (Sdkfz 138) verfügte nicht mehr über die Blende unten an der Wanne. Statt dessen wurde eine neue Blende (für die größere deutsche Kanone) unmittelbar auf das Laufwerk montiert. Das sorgte dafür, daß das Fahrzeug nun eine niedrigere Silhouette hatte. Allerdings war die Blende immer noch nach oben und hinten offen, um Gewicht zu sparen. Zusätzlich erhielt das Fahrzeug ein Zurrlager vorn am Bug, um das weit überhängende Rohr bei längeren Fahrten vor Schäden zu bewahren. In den Jahren 1942 und 1943 wurden 418 Marder III mit 7,5-cm-

Kanone (Sdkfz 138) gebaut. 175 davon waren ursprünglich PzKpfw 38(t), die umgebaut wurden. Der Rest basierte auf neuen Fahrzeugen. Zwischen 1942 und 1944 wurden diese Marder III mit 7,5-cm-Kanone (Sdkfz 138) an der Ostfront, in Tunesien und in Italien bei den Panzerjägerbataillonen der Infanteriedivisionen wie auch bei selbständigen Panzerjägereinheiten des Heeres eingesetzt.

Insgesamt bauten die deutschen Werke 975 Marder III mit 7,5-cm-Kanone (Sdkfz 138) Ausf M. Als Mitte 1942 die

Produktion des PzKpfw 38(t) eingestellt wurde, lief der Bau des Laufwerks weiter, in erster Linie als Plattform für den Marder III mit 7,5-cm-Kanone.

Der Marder III war zwar eigentlich eine Notlösung für eine Übergangszeit, erwies sich aber als nützliches Fahrzeug, das zwei starke Panzerabwehrkanonen mit einer schnell verfügbaren, zuverlässigen Plattform vereinte und der deutschen Infanterie die dringend benötigte, bewegliche Panzerabwehrwaffe gab.

TECHNISCHE DATEN: Panzerjäger Marder III Ausf M (Sdkfz 138)

ALLGEMEINE DATEN
Art des Fahrzeugs: leichter Jagdpanzer
(Geschützwagen)
Indienststellung: Sommer 1943
Besatzung: vier Mann
Kampfgewicht: 10,5 t
Laufwerk: PzKpfw 38(t)

ABMESSUNGEN
Länge über alles: 4,65 m
Länge der Wanne: 4,65 m
Breite: 2,16 m
Höhe: 2,48 m

BEWAFFNUNG
Hauptbewaffnung: 7,5-cm-PaK 40/3 L/46
Schwenkbereich der Bordkanone:
30° links und rechts

Nebenbewaffnung: –

MUNITIONSVORRAT
Hauptbewaffnung: 38 Schuß
Nebenbewaffnung: –

PANZERUNG
Wanne vorn (Bug): 20 mm (im Winkel
von 80°)
Wanne vorn (Platte für den Fahrer):
25 mm (im Winkel von 78°)
Wanne seitlich: 15 mm (im Winkel
von 90°)
Wanne hinten: 8 mm (im Winkel
von 90°)
Aufbau vorn: 25 mm (im Winkel
von 74°)

Aufbau seitlich: 10 mm (im Winkel
von 78°)
Aufbau hinten: keine
Aufbau oben: keine

ANTRIEB
Motor: Sechszylinder-Reihenmotor Praga
EPA TZJ
Leistung: 125 PS
Tankinhalt: 218 l

FAHRLEISTUNGEN
Höchstgeschwindigkeit Straße:
42 km/h
Höchstgeschwindigkeit Gelände:
24 km/h
Reichweite Straße: 185 km
Reichweite Gelände: 140 km

KAPITEL 8

PANZER III

Der erste echte deutsche Kampfpanzer, der Panzerkampfwagen III, wurde beim Überfall auf die Sowjetunion zum Rückgrat der deutschen Panzertruppe. Nachdem er den neuesten sowjetischen Panzern nicht mehr gewachsen war, zog die Wehrmacht ihn 1943 allmählich von der Front ab. In kleiner Zahl blieb der PzKpfw III allerdings bis zum Kriegsende im Dienst.

Das Projekt für den mittleren PzKpfw III (Sdkfz 141) war das erste größere Vorhaben zum Bau eines Kampfpanzers, das in Deutschland nach dem Bruch des Vertrags von Versailles im Jahr 1933 eingeleitet wurde. Die leichten PzKpfw I und II waren nur Übergangslösungen gewesen, weil erst bis zum Ende der 30er Jahre mit dem mittleren PzKpfw III und dem mittleren bis schweren PzKpfw IV gerechnet wurde. Beide Modelle sollten dann den Kern der deutschen Panzertruppe bilden. 1935 erteilte das Heereswaffenamt verschiedenen Rüstungsfirmen den Auftrag, einen mittelschweren Panzer der 15-Tonnen-Klasse zu entwickeln. Zur Verschleierung bezeichnete das Heer die Entwicklung mit dem Pseudonym „Zugführerwagen", was eher auf ein ungepanzertes Kettenfahrzeug hinweisen sollte. Ende 1936 gab es ausgedehnte Erprobungen mit vier Prototypen auf den Versuchsgeländen Kummersdorf und Ulm. Diese Prototypen stammten von den Firmen MAN in Nürnberg, Krupp in Essen sowie Daimler-Benz und Rheinmetall-Borsig, beide in Berlin. Als Ergebnis der gründlichen Erprobungen erhielt schließlich Daimler-Benz den ersten Auftrag.

Die ersten zehn Vorserienfahrzeuge vom Typ 1/ZW (später in PzKpfw III Ausf A umbenannt) wurden im Jahr 1936 fertiggestellt. Das deutsche Heer sah diese Fahrzeuge als erste einer Reihe von Experimentalfahrzeugen zur Erprobung verschiedener Fahrwerke. Der PzKpfw III Ausf A hatte eine Besatzung von fünf Mann, wog 15 Tonnen und verfügte über eine 15 Millimeter dicke Panzerung am Bug und an den Seiten. Das Fahrwerk bestand aus fünf einzeln aufgehängten, mittelgroßen Laufrollen und zwei Stützrollen. Die Ausf A wurde von einem Maybach-Vergasermotor vom Typ

LINKS *Ein früher PzKpfw III Ausf F mit der 3,7-cm-Kanone vor dem Hintergrund einer brennenden Landschaft während der Anfangsphase der Operation Barbarossa im Sommer 1941. Auffällig ist der nachträglich angebrachte Staukasten hinter dem Turm.*

LINKS *Soldaten erholen sich beim Kartenspiel und bei Musik in einer der seltenen Ruhephasen auf dem Balkan. Hinter ihnen ein PzKpfw III Ausf F, der über die stärkere 5-cm-PaK L/42 verfügt.*

schon im Februar 1940 wieder zurück.

Die zweite Ausführung, der 2/ZW oder PzKpfw III Ausf B, erschien im Jahr 1937 in einer Auflage von 15 Exemplaren. Dieser Panzer hatte starke Ähnlichkeit mit der Ausführung A, lediglich das Chassis hatte Daimler-Benz überarbeitet. Es gab nun acht kleine Laufrollen pro Seite, die paarweise angeordnet waren und an nur zwei halbelliptischen Blattfedern hingen. Außerdem verfügte das Laufwerk über drei Stützrollen anstelle von zwei. Die Ausführung B konnte allerdings nicht mehr soviel Munition für die Hauptbewaffnung mitführen – 121 Schuß statt 150 –, weil das zusätzliche Gewicht des neuen Laufwerks ausgeglichen werden mußte. Trotz dieser Modifikationen hatten sich die Fahrleistungen gegenüber der Ausführung A nur unwesentlich verändert. Diese 15 PzKpfw III Ausf B wur-

HL 108 TR mit 230 PS angetrieben, der das Fahrzeug auf eine Höchstgeschwindigkeit von 32 km/h brachte und eine Reichweite von 165 Kilometern ermöglichte. Als Hauptbewaffnung verfügte der Panzer über die Kanone 3,7-cm-KwK L/45. Für diese Kanone führte er 150 Schuß Munition mit. Daneben besaß er noch drei 7,92-mm-MG 34, zwei koaxial im Turm, das dritte in der Frontplatte der Wanne. Dafür gab es einen Vorrat von 4500 Schuß. Das deutsche Heer erprobte diese zehn Fahrzeuge beim Polenfeldzug unter Gefechtsbedingungen, zog sie aber vor dem Feldzug im Westen

den ebenfalls beim Polenfeldzug eingesetzt, aber auch hier entschied sich das Heer, die Fahrzeuge vor dem Feldzug im Westen aus dem Dienst zu nehmen.

Zwischen Anfang 1937 und Januar 1938 baute Daimler-Benz 15 Exemplare des 3/ZW oder PzKpfw III Ausf C. Diese Panzer hatten wiederum ein anderes Laufwerk, und zwar mit acht Laufrollen wie das Vorgängermodell, aber diesmal mit drei anstelle von zwei halbelliptischen Blattfedern. Das Gewicht stieg nun auf 16 Tonnen, worunter in erster Linie die Reichweite zu leiden hatte, die nur noch 105 Kilometer betrug. Wie ihre Vorgänger wurden auch diese Panzer beim Polenfeldzug eingesetzt. Die vierte Version, der PzKpfw III Ausf D, hatte eine schwerere Panzerung aus bis zu 30 Millimeter starken Platten, die eine beträchtliche Gewichtserhöhung auf 19,3 Tonnen mit sich brachten. Dieses Fahrzeug brachte wiederum Änderungen am Laufwerk. Der Kraftstoffvorrat war gegenüber den Vorgängermodellen unverändert geblieben, teilte sich nun aber auf vier Behälter auf. Die deutschen Firmen bauten zwischen Januar und Juni 1938 40 PzKpfw III Ausf D, die sowohl beim Polenfeldzug als auch bei der Invasion in Norwegen zum Einsatz kamen.

Zwischen Dezember 1938 und Oktober 1939 baute Daimler-Benz die letzte Vorserienversion, die Ausführung E. Dieses Fahrzeug war das erste in einer Reihe von Experimentalfahrzeugen, von denen insgesamt 96 Stück gebaut wurden und an die Wehrmacht gingen. Die Ausführung E zeichnete sich durch weitreichende Änderungen aus, darunter einen stärkeren 320-PS-Motor vom Typ Maybach HL 120 TR und ein neues Getriebe. Auch das Laufwerk war ein weiteres Mal geändert worden und verfügte nun über sechs mittelgroße Doppel-Laufrollen, die einzeln an querliegenden Federstäben aufgehängt waren. Der größte Teil der

98 PzKpfw III, die beim Polenfeldzug zum Einsatz kamen, zählte zur Ausführung E. Dieses Modell nahm 1940 im Westen, 1941–42 in der Sowjetunion und bis Ende 1942 in Nordafrika am aktiven Gefechtsdienst teil.

Die erste echte Serienversion war die Ausführung F, die Ende 1939 in Dienst gestellt wurde. Die deutschen Panzerwerke lieferten in der elfmonatigen Produktionszeit zwischen September 1939 und Juli 1940 insgesamt 435 Exemplare. Der hohe Stand der mechanischen Zuverlässigkeit, der die Ausführung F kennzeichnete, war zum größten Teil auf die umfassenden Erprobungen mit nicht weniger als fünf Vorserienmodellen zurückzuführen. Die Gefechtserfahrungen aus Polen und Frankreich hatten das Heereswaffenamt aber von der Notwendigkeit einer stärkeren Hauptbewaffnung als der vorhandenen 3,7-cm-Kanone überzeugt. Das Oberkommando erkannte jedoch, daß es viele Monate dauern würde, eine solche Waffe zu entwickeln und in den

UNTEN *Eine Kolonne von PzKpfw III durchquert ein russisches Dorf während der ersten Tage der Operation Barbarossa. Der Panzer im Vordergrund hat einen zusätzlichen Staukasten hinten auf der Wanne, der vermutlich von einem zerstörten PzKpfw III stammt.*

PzKpfw III einzubauen. Deshalb wurde entschieden, die Ausführung F weiterhin mit der vorhandenen 3,7-cm-Kanone auszustatten. Es schien wichtig, die Einführung dieser Fahrzeuge beim Heer nicht unnötig zu verzögern.

Von Mitte 1940 an erschienen verschiedene Versionen des PzKpfw III, die als Reaktion auf die taktischen Forderungen nach stärkerer Feuerkraft und verbessertem Panzerschutz gebaut wurden. Die im April 1940 in Dienst gestellte

Ausführung G besaß (bis auf die allerersten Fahrzeuge) die stärkere Kanone 5 cm KwK L/42. Im Winter 1941–42 wurden nicht nur weitere Panzer der Ausführung G gebaut, sondern auch viele vorhandene PzKpfw III Ausf A–F nachträglich auf die stärkere 5-cm-Kanone L/42 umgerüstet. Zwischen April 1940 und Februar 1941 wurden insgesamt 450 Panzer der Ausführung G gebaut. Von Oktober 1940 bis April 1941 kam eine achte Version, die Ausführung H, dazu. Die

TECHNISCHE DATEN: Panzerkampfwagen III Ausf A (Sdkfz 141)

ALLGEMEINE DATEN
Art des Fahrzeugs: mittlerer Panzer
Indienststellung: Ende 1936
Besatzung: fünf Mann
Kampfgewicht: 15 t

ABMESSUNGEN
Länge über alles: 5,69 m
Länge der Wanne: 5,69 m
Breite: 2,81 m
Höhe: 2,34 m

BEWAFFNUNG
Hauptbewaffnung: 3,7-cm-KwK L/45
Nebenbewaffnung: 3x 7,92-mm-MG 34, 2x koaxial im Turm, 1x Bug

MUNITIONSVORRAT
Hauptbewaffnung: 150 Schuß
Nebenbewaffnung: 4500 Schuß

PANZERUNG
Wanne vorn (Bug): 14,5 mm (im Winkel von 69°)
Wanne vorn (Platte für den Fahrer): 14,5 mm (im Winkel von 81°)
Wanne seitlich: 14,5 mm (im Winkel von 90°)
Wanne hinten: 14,5 mm (im Winkel von 77° bis 80°)
Turm vorn: 14,5 mm (im Winkel von 75°)
Turm seitlich: 14,5 mm (im Winkel von 65°)
Turm hinten: 14,5 mm (im Winkel von 78°)

Turm oben: 10 mm (im Winkel von 0° bis 7°)

ANTRIEB
Motor: V12-Motor Maybach HL 108 TR
Leistung: 230 PS
Tankinhalt: 300 l

FAHRLEISTUNGEN
Höchstgeschwindigkeit Straße: 32 km/h
Höchstgeschwindigkeit Gelände: 19 km/h
Reichweite Straße: 150 km
Reichweite Gelände: 95 km

Gefechtserfahrungen aus Frankreich hatten der Wehrmacht gezeigt, daß der PzKpfw III nicht ausreichend gepanzert war. Als Notlösung wurden in den deutschen Fabriken zusätzliche 30-mm-Panzerplatten auf die vorhandene, 30 Millimeter dicke Bug- und Turmpanzerung der Ausführung H geschraubt. Durch die stärkere Panzerung stieg das Gewicht nun auf 21,6 Tonnen. Deshalb mußte das Laufwerk überarbeitet werden. Es wurden breitere Ketten montiert, die dem höheren Gewicht besser gewachsen waren.

Einige hundert Fahrzeuge der nächsten Version, der Ausführung J, verfügten über eine verbesserte Panzerung. Sie hatten nun eine integrierte 50-mm-Frontpanzerung (also keine Zusatzpanzerung), allerdings immer noch die gleiche Kanone 5-cm-KwK L/42 wie die Vorgängermodelle. Die späteren Fahrzeuge dieser Ausführung mit der Bezeichnung Sdkfz 141/1 waren wesentlich stärker bewaffnet, denn sie waren mit der großartigen langen Kanone 5 cm KwK 39L/60 (Länge: 60 Kaliber) bestückt. Diese Variante führte zwar weniger Munition für die Hauptbewaffnung mit – 84 anstelle von 99 Schuß –, aber das Gewicht stieg trotzdem auf 22,3 Tonnen. Die Ausführung J war die bei weitem häufigste Version des PzKpfw III. Die deutschen Hersteller lieferten insgesamt 2516 Fahrzeuge an das Heer, während der

OBEN *Die Rote Armee setzte viele erbeutete deutsche Panzer ein. Hier eine sowjetische Besatzung auf einem frühen PzKpfw III Ausf J mit der kürzeren 5-cm-PaK L/42, die bei späteren Modellen der Ausführung J nicht mehr eingebaut wurde. Das Bug-MG verfügt bereits über die neue Kugelblende 50.*

siebzehnmonatigen Produktionszeit vom März 1941 bis zum Juli 1942 im Schnitt 148 Stück pro Monat. Die nächste Version, die Ausführung L, hatte starke Ähnlichkeit mit dem Modell J, verfügte aber über ein modifiziertes Laufwerk, weil man festgestellt hatte, daß die lange Kanone den Panzer sehr kopflastig machte. Außerdem bot diese Ausführung einen besseren Schutz durch eine Mehrfachpanzerung, die wesentlich wirksamer war als die bislang angewandte homogene Panzerung. Als Maßnahme zum Ausgleich der Gewichtssteigerung kam wiederum nur die Reduzierung des Munitionsvorrats in Frage. Der Panzer führte nur noch 78 Schuß für die Hauptbewaffnung mit, etwas mehr als die Hälfte der ursprünglichen Ausführung A. In den sieben Monaten vom Juni bis zum Dezember 1942 wurden in Deutschland 703 Panzer der Ausführung L gebaut.

Die nächste Version, die Ausführung M, kam Ende 1942. Sie wies kleinere Modifikationen auf, die in erster Linie der

Vereinfachung der Produktion und damit der Erhöhung des Ausstoßes dienten. Diese Version verfügte erstmals über eine dünne seitliche Panzerung in Form von Schürzen, um die Räder und Ketten vor den Hohlladungsgeschossen der Panzerabwehrwaffen zu schützen. In den fünf Monaten zwischen Oktober 1942 und Februar 1943 lieferten die deutschen Werke 292 Fahrzeuge der Ausführung M, im Schnitt also 58 Fahrzeuge pro Monat.

Die endgültige Ausführung des PzKpfw III, die Version N (Sdkfz 141/2) wurde Ende 1942 erstmals in Dienst gestellt. Dieser Panzer ähnelte seinem Vorgänger, der Ausführung M, verfügte aber über eine kurze (24 Kaliber) 7,5-cm-Kanone, die vor 1942 bereits im PzKpfw IV eingesetzt worden war. Diese Kanone war gegen Panzer nicht besonders wirksam, aber ideal für die Nahunterstützung mit schwerem Feuer. Aufgrund dieser Bestimmung war der Panzer im Volksmund auch als Sturmpanzer III bekannt. Die deutschen Werke lieferten insgesamt 666 Exemplare der Ausführung N, 447 noch im Jahr 1942 und die restlichen 219 in den ersten acht Monaten des folgenden Jahres. Danach wurde die Produktion des PzKpfw III eingestellt. Das Oberkommando nutzte die Produktionsstätten für den Bau des PzKpfw IV und des schneller zu bauenden Sturmgeschützes StuG III, denn Deutschland benötigte dringend so viele Panzer wie möglich, um die schweren Verluste an der Front möglichst schnell auszugleichen.

Zwischen 1936 und August 1943 wurden in Deutschland insgesamt 6123 PzKpfw III gebaut und bis auf 200 Stück alle während des Krieges ausgeliefert. 673 dieser Panzer waren mit der 3,7-cm-Kanone bestückt, 2815 mit der kurzen 5-cm-Kanone, 1969 besaßen die lange Ausführung dieser Waffe, während der Rest mit der kurzen 7,5-cm-Kanone versehen war. Daneben wurden etwa 9000 Laufwerke als Plattformen für die verschiedensten gepanzerten Kampffahrzeuge gebaut. Die Serienproduktion begann 1941 mit der Fertigstellung von 1703 Panzern. Der Panzerausschuß des Heeres hatte eine Produktionszahl von 7992 PzKpfw III vorgegeben – fast das Doppelte der bis dahin vorhandenen deutschen Panzer! Diese Zahl basierte auf den Forderungen für 36 Panzerdivisionen, die Hitler sich als Ziel gesteckt hatte. Bei dem Versuch, diese gigantische Aufgabe zu bewältigen, erreichte die Produktion 1942 ihren Höhepunkt mit insgesamt 2608 fertiggestellten Panzern.

Beim Polenfeldzug hatte das deutsche Heer nur 98 PzKpfw III. Bis zum Feldzug im Westen waren es immerhin schon 349 Stück. Im Jahr 1941 bewies der neue PzKpfw III Ausf G seinen taktischen Wert bei der Eroberung des Bal-

UNTEN *Eine Kolonne deutscher Panzer der 5. SS-Panzergrenadierdivision „Wiking" während der deutschen Sommeroffensive 1942 an der Ostfront. Die deutlich erkennbare Zusatzpanzerung hinten an der Wanne von Fahrzeug 211 weist auf einen PzKpfw III Ausf H hin.*

OBEN *Ein Modell des seltenen Flammpanzers III. Etwa 100 Fahrzeuge der Ausführung M wurden umgerüstet, indem die Bordkanone durch einen Flammenwerfer ersetzt wurde. Dieses Fahrzeug trägt einen provisorischen sandgelben Tarnanstrich über dem originalen Feldgrau.*

kans und, noch wichtiger, im Verlauf der Operation Barbarossa. Am 22. Juni 1941, dem ersten Tag der Operation Barbarossa, verfügte die Wehrmacht bereits über 2501 PzKpfw III, davon 1174 Ausführungen G, H und frühe Versionen der Ausführungen J mit der 5-cm-Kanone L/42. Sowohl im Osten als auch in Nordafrika war der PzKpfw III in den Ausführungen J bis M mit der langen 5-cm-Kanone L/60 zwischen Ende 1941 und Anfang 1943 das wichtigste Fahrzeug der deutschen Panzertruppe. Ab Ende 1943 begann die Wehrmacht allmählich, die inzwischen unterlegenen Panzer von der Front abzuziehen.

Spezielle Versionen

Auf der Grundlage des Panzerkampfwagens III wurde daneben eine Reihe spezialisierter Kampffahrzeuge produziert. Darunter waren ein paar Dutzend Fahrzeuge der Ausführungen F–H, die zu Tauchpanzern III speziell für die Operation Seelöwe, die geplante Invasion in Großbritannien, umgebaut wurden. Die Hersteller versiegelten sämtliche Öffnungen an diesen Panzern und deckten die wichtigsten Bauteile mit Gummimatten ab, um sie wasserdicht zu machen. Des weiteren wurde ein 18 Meter langer Luftschlauch installiert, der die Besatzung und den Motor mit Luft versorgen sollte. Dank dieser Maßnahmen konnte der Tauchpanzer III bis zu 15 Meter tief unter Wasser fahren. Die vier speziell für dieses

Fahrzeug aufgestellten Panzerbataillone sollten die Speerspitze der geplanten Invasionskräfte bilden. Die Operation Seelöwe wurde aber niemals durchgeführt, und die Tauchpanzer gingen für die Operation Barbarossa an die 18. Panzerdivision. Am 22. Juni 1941 durchquerten sie die Lessna, einen Nebenfluß des Bug, und vollführten damit die erste Flußdurchquerung mit Tauchpanzern im Zweiten Weltkrieg.

Daneben bauten die deutschen Firmen auch fünf verschiedene Führungsfahrzeuge auf der Grundlage des PzKpfw III. Die ersten drei, die Befehlswagen III Ausf D1, E und H waren geringfügig modifizierte PzKpfw III, die in erster Linie durch ihre riesigen Rahmenantennen für das leistungsfähige Funkgerät auffielen. Die deutschen Werke bauten 1938/39 insgesamt 30 Befehlswagen III Ausf D1, 1939–40 weitere 45 Befehlswagen III Ausf E und zwischen November 1940 und Januar 1942 noch mal 175 Befehlswagen III Ausf H. Von August 1942 bis Februar 1943 wurden in Deutschland außerdem 131 Befehlswagen III der Ausführungen J und M gefertigt. Einige dieser Fahrzeuge waren noch 1945 an der Front im Einsatz.

Der Panzer III war an der Ostfront von 1941 bis Anfang 1943 die Hauptstütze der deutschen Panzertruppe und trug viel zu den anfänglichen Erfolgen der deutschen Truppen gegen die Rote Armee bei. Die schlechten Erfahrungen des Heeres beim Erscheinen der starken sowjetischen T34 und KV1 im Sommer 1941 machten jedoch deutlich, daß der PzKpfw III in nicht allzu ferner Zukunft nicht mehr den Anforderungen des Panzerkrieges an der Ostfront genügen würde. Trotz der wachsenden Unterlegenheit im Gefecht erreichte die Produktion des PzKpfw III im Jahr 1942 ihren Höhepunkt. Damals ging es nur darum, so schnell wie möglich neue Panzer an die Front zu bekommen, um die dramatischen Verluste auszugleichen. Erst im Sommer 1943 wurde die Produktion des PzKpfw III zugunsten der schneller zu bauenden Sturmgeschütze und stärkerer Panzer eingestellt. Gegen Ende 1943 war der PzKpfw III praktisch überholt, und das Heer nahm ihn allmählich aus dem Fronteinsatz. 700 Fahrzeuge blieben allerdings im Dienst und wurden in den Standorten, Sicherungs- und Ausbildungseinheiten verwendet.

Der PzKpfw III im Gefecht

Daß der PzKpfw III nicht mehr zum Erfolg der Achsenmächte Ende 1939 in Polen beitragen konnte, lag nicht etwa

OBEN *Ein frühes Serienmodell des PzKpfw III Ausf J, das sich von den späteren Ausführungen J durch die 5-cm-PaK L/42 unterscheidet. Die Palme mit dem Hakenkreuz weist auf den Stammverband hin, der zu Rommels berühmtem Afrikakorps gehört.*

an Schwächen in der Konstruktion, sondern einzig und allein an der geringen Zahl der zur Verfügung stehenden Panzer. Unter den 3363 Panzern, die die Wehrmacht für den Polenfeldzug aufbieten konnte, waren gerade einmal 98 PzKpfw III. Trotz dieser kleinen Zahl spielte der Panzer III eine wichtige Rolle im Feldzug, denn er ergänzte die Feuerkraft der leicht bewaffneten PzKpfw I und II. Die stärkere Feuerkraft der 3,7-cm-Kanone war von entscheidender Bedeutung: Sie ermöglichte es, den Schwung der Speerspitzen aufrechtzuerhalten, die im Blitzkrieg in das polnische Hinterland vorstießen. Der PzKpfw III erlitt beim Polenfeldzug mehr Verluste als jeder andere deutsche Panzer. Insgesamt ein Viertel der Fahrzeuge, 26 von 98, gingen verloren. Da der PzKpfw III besser geschützt war als alle anderen deutschen Panzer, beweist diese Zahl eigentlich nur, daß er in Polen ständig mitten im Kampfgeschehen stand.

Bei der Operation Barbarossa spielte der PzKpfw III endlich eine eigene Rolle. Bei diesem Angriff setzte die Wehrmacht insgesamt 3332 Panzer ein, darunter allein

965 PzKpfw III. Damit war er der häufigste Panzertyp bei dieser Operation. Der Panzerkampfwagen III trug einen entscheidenden Teil zu den Erfolgen während der ersten Monate der Operation Barbarossa bei. Viele der bei diesem Angriff eingesetzten PzKpfw III besaßen die 5-cm-Kanone L/42, gleichzeitig kamen schon einige Ausführungen H und J mit der besseren Panzerung zum Einsatz. Diese PzKpfw III erwiesen sich als besonders wirksam gegen die Mehrzahl der sowjetischen Panzer, von denen die deutschen Truppen in den ersten Wochen der Invasion Hunderte zerstörten.

Die deutsche 5-cm-Kanone L/42 war in der Lage, auf 450 Meter eine 47 Millimeter dicke Panzerung zu durchschlagen. Es sollte aber nicht lange dauern, bis die deutschen Truppen auf die neuesten und wahrlich beeindruckenden sowjetischen Panzer stießen. Sie zeigten deutlich die Schwächen der deutschen Panzer auf, denn nur noch der PzKpfw IV war ihnen gewachsen. Der mittlere sowjetische Panzer T34 und der schwere Panzer KV1 verfügten beide über die 7,62-cm-Kanone, während die deutschen Panzer gerade von der 3,7-cm-Kanone auf die 5-cm-Kanone aufgerüstet wurden. Der KV1 besaß eine starke Panzerung von 90 Millimetern, doppelt soviel wie die der deutschen Panzer, während die 45-mm-Panzerung des T34 in einem so günstigen Winkel angebracht war, daß sie nahezu ebenso wirksam war wie die des schweren Panzers.

So waren beide Panzer über die normale Kampfentfernung so gut wie immun gegen das Feuer der

RECHTS *Charkow im März 1943: Nur der rechte Arm von SS-General Paul Hausser ragt aus der Kommandantenkuppel eines späten PzKpfw III Ausf J. Das Abzeichen auf dem Panzer zeigt, daß es sich um ein Fahrzeug der 2. SS-Panzerdivision „Das Reich" handelt.*

deutschen Panzertruppe mit den 3,7-cm- und 5-cm-Kanonen L/42. Diese Tatsache ließ sich nicht mehr leugnen, als das deutsche Heer am 22. Juni 1941 erstmals auf den KV1 traf. Das XIV. sowjetische Panzerkorps fuhr eine Gegenoffensive gegen den Vorstoß der PzKpfw 35(t) der 6. Panzerdivision. Mit Ausnahme der 8,8-cm-Flugabwehrkanone, die eiligst zur Panzerabwehrkanone umfunktioniert wurde, konnte keine deutsche Panzer- oder Panzerabwehrkanone die Panzerung des KV1 durchbrechen. Die Deutschen konnten einen einzigen KV1 zerstören, benötigten dazu aber acht Treffer mit der 8,8-cm-Flak.

In den darauffolgenden Gefechten bewiesen die Sowjets immer wieder die Überlegenheit des T34 und des KV1. In der Ukraine konnte ein T34 immer noch feuern, nachdem er bereits 24 Treffer aus den deutschen 3,7-cm-Kanonen hinnehmen mußte. Bei Mtensk in der Nähe von Orel hatte die Speerspitze der 4. Panzerdivision am 4. Oktober 1941 gera-

de einen Brückenkopf über die Lisiza in der Nähe von Kamenewa gesichert, als die Sowjets einen Gegenangriff starteten. Die Rote Armee hatte rund 50 T34 und KV1 in den Wäldern nahe Woin versteckt und wartete nur darauf, daß die Deutschen die Spitze des Bergrückens am anderen Ufer überqueren. Aus dem Hinterhalt vernichteten die Sowjets zehn PzKpfw III und trieben die 4. Panzerdivision an das andere Ufer der Lisiza zurück. Bei der Kampfentfernung von 800 Metern prallten die Geschosse aus den 5-cm-Kanonen L/42 der PzKpfw III einfach an der Frontpanzerung der KV1 ab. Der Schock nach diesen ersten Feindberührungen führte dazu, daß die Wehrmacht bei allen in der Folge gebauten PzKpfw III die 5-cm-Kanone L/60 mit dem längeren Rohr und die verbesserte 60-mm-Panzerung einführte. Aufgrund dieser Erfahrungen wurde auch mit der Arbeit am mittelschweren Panzerkampfwagen V Panther und am schweren Panzer VI Tiger begonnen.

Im April 1942 wurde Rommels Afrikakorps durch die moderneren PzKpfw III Ausf J mit der längeren 5-cm-Kanone L/60 und der homogenen 50-mm-Panzerung aufgerüstet. Diese Fahrzeuge waren damals nicht nur allen Panzern der

OBEN *Die Besatzung eines PzKpfw III Ausf J gönnt sich eine der wenigen Ruhepausen während der Operation Zitadelle bei Kursk Anfang Juli 1943. Die Nummer des Fahrzeugs besagt, daß es sich um den ersten Panzer des zweiten Trupps der Stabskompanie des Regiments handelt.*

Alliierten in Nordafrika überlegen, sondern auch dem M3 Grant, der einen Monat später eintreffen sollte. Die deutschen Truppen setzten ihre Panzer mit viel Erfolg bei der Schlacht um Gazala im Juni 1942 ein und konnten den Briten schwere Verluste zufügen. Als allerdings General Montgomery im Oktober und November 1942 den erfolgreichen Gegenangriff auf El Alamein durchführte, war die Überlegenheit des PzKpfw III Ausf J durch das Eintreffen des neuen Sherman wieder aufgehoben.

Während des gesamten Jahres 1942 stützte sich das deutsche Heer, ob an der Ostfront oder in Nordafrika, stark auf den PzKpfw III in den Ausführungen G bis L. Mitte 1943 waren aber selbst die neuesten Ausführungen M und N bereits überholt, so daß die Wehrmacht diese Fahrzeuge allmählich von der Front abzog. Im Oktober 1943 gab es nur noch fünf Panzerdivisionen an der Ostfront, die über mehr als eine Kompanie mit PzKpfw III verfügten. Die schweren Verluste und die Rückverlegung in das Hinterland zu Sicherungsaufgaben führten dazu, daß Mitte 1944 kaum noch Panzer dieses Typs bei den Divisionen an der Front zu finden waren. Diese Divisionen besaßen in der Regel jeweils ein Bataillon mit dem PzKpfw IV und eines mit dem Panther. Einige Panzerdivisionen setzten aber den PzKpfw III immer noch ein. Noch am 27. Juni 1944 setzte die 12. Panzerdivision neun PzKpfw Ausf J und M in dem verzweifelten Versuch ein, dem sowjetischen Ansturm bei der Operation Bagration, der Offensive der Roten Armee im Sommer 1944, standzuhalten. Weiterhin blieben 150 Bergepanzer III und 80 Befehlswagen III Ausf M während des gesamten Jahres 1944 an der Front im Einsatz. Im Dezember 1944 setzte die Wehrmacht eine kleine Zahl dieser Fahrzeuge bei der Ardennen-Offensive ein. Dabei wurde mindestens ein Befehlswagen III durch die Luftangriffe der Alliierten zerstört. Bis Mitte 1944 wurden aber die meisten der 700 noch verbliebenen PzKpfw III in die Ausbildungseinheiten zurückbeordert, die gleichzeitig Standortaufgaben in den Teilen Europas wahrnahmen, die noch unter deutscher Besatzung standen. Diese Einheiten setzten recht unterschiedliche Zahlen dieser Fahrzeuge ein: Die Panzerbrigade Norwegen verfügte über 70 Panzer, während das 100. Panzerfeldersatz- und Ausbildungsbataillon in der Normandie nur einen Panzerkampfwagen III hatte und sich sonst mit verschiedenen französischen Beutestücken behalf. In den Jahren 1944/45 wurden sogar diese Einheiten in den Kampf geschickt, weil die Alliierten immer näher an

Deutschland heranrückten. Aufgrund der dabei erlittenen Verluste reduzierte sich die Zahl der PzKpfw III bis zum 1. April 1945 von 700 auf 166. Darunter waren auch 50 Fahrzeuge, die immer noch in Norwegen stationiert waren und ein einzelnes Fahrzeug, das den deutschen Widerstand in der Enklave im Nordwesten Hollands unterstützte. Sogar diese eigentlich völlig überholten Panzer mußten im Kampf untergehen, weil das deutsche Heer in den letzten Monaten des Zweiten Weltkriegs zu jedem Strohhalm griff.

RECHTS *Ein PzKpfw III Ausf M der 6. Kompanie eines mechanisierten Verbandes während des Italienfeldzugs 1944. Der Turm verfügt an den Seiten über eine gebogene Zusatzpanzerung, auf die die Nummer des Fahrzeugs gemalt wurde.*

KAPITEL 9

STURMGESCHÜTZ III

Ursprünglich für die Infanterieunterstützung entwickelt, wurden die Sturmgeschütze, wie das StuG III, von der Wehrmacht mit stärkeren Kanonen ausgerüstet und zur Panzerjagd eingesetzt. Tausende dieser Kampffahrzeuge wurden gebaut und dienten dem Heer als wirksame Waffe gegen die unzähligen russischen Panzer an der Ostfront.

Das Sturmgeschütz wurde entwickelt, weil die deutsche Artillerie Mitte der 30er Jahre ein gepanzertes Infanterie-Nahunterstützungsfahrzeug forderte. Nach Meinung der Artillerieführer war ein derartiges Fahrzeug notwendig, da die deutsche Militärphilosophie die Zusammenfassung aller gepanzerten Fahrzeuge in rein mechanisierten Verbänden vorsah. Das Heereswaffenamt erteilte im Juni 1936 einen Entwicklungsauftrag mit der weitsichtigen Vorgabe, daß das Fahrzeug zwecks höherer Überlebensfähigkeit eine niedrige Silhouette besitzen und sowohl Sprenggeschosse als auch panzerbrechende Munition verschießen mußte. Das Oberkommando entschied, den Prototyp bei Daimler-Benz entwickeln zu lassen. Krupp

LINKS *Die ersten Serienmodelle des StuG III Ausf G hatten auf dem Dach ein MG, das durch eine Panzerblende geschützt war. Sie besaßen aber noch nicht die „Saukopf"-Blende der späteren Ausführungen. Diese Sturmgeschütze gehören zur 16. SS-Panzergrenadierdivision „Reichsführer SS".*

wiederum erhielt den Auftrag, die entsprechende Hauptbewaffnung zu entwickeln und einzubauen.

Das Ende der 30er Jahre fertiggestellte Fahrzeug verfügte über die kurze 7,5-cm-KwK L/24 aus dem neuen PzKpfw IV. Die niedrige Silhouette ließ es allerdings nicht zu, die Kanone in einem schwenkbaren Turm zu montieren. Nicht einmal die offene gepanzerte Rohrblende wie bei den späteren deutschen Jagdpanzern ließ sich realisieren. Statt dessen wurde die Bordkanone mit begrenztem Schwenkbereich direkt auf einem Aufbau montiert, der unmittelbar auf dem Laufwerk des PzKpfw III saß. So konnte die Höhe des Fahrzeugs auf 1,95 Meter statt der 2,50 Meter des PzKpfw III begrenzt werden. Das Fahrzeug hatte eine Panzerung von 50 Millimetern am Bug, 43 Millimetern an den Seiten und elf Millimetern auf dem Dach. Somit war es besser geschützt als der PzKpfw III und der PzKpfw IV. Die Wehrmacht nannte das neue Panzerfahrzeug Sturmgeschütz, weil es die angreifende Infanterie unterstützen sollte.

OBEN *Deutsche Soldaten suchen Schutz hinter dem Aufbau eines frühen StuG III mit der kurzen 7,5-cm-StuK 37 L/24. Das Fahrzeug überzeugt durch seine extrem niedrige Silhouette.*

Das Sturmgeschütz erwies sich als wertvolle Waffe für die Infanterieunterstützung und wurde später mit einer stärkeren Kanone sogar zur mächtigen Panzerabwehrwaffe. Daimler-Benz wählte das Chassis des PzKpfw III, um das vorgesehene Gewicht von 20 Tonnen einhalten zu können. Nachdem das Heer die Entwicklung von Daimler-Benz akzeptiert hatte, bekam das Fahrzeug die Bezeichnung Sturmgeschütz III mit 7,5-cm-Kanone (Sdkfz 142). Im allgemeinen Sprachgebrauch setzte sich schnell die prägnante Kurzform StuG III durch. Da das Fahrzeug keinen Turm hatte, genügte eine Besatzung von vier Mann. Es war in erster Linie als Nahunterstützungswaffe gedacht und führte 84 Schuß mit, davon 55 Schuß Sprengmunition und acht Nebelgranaten, aber nur 21 panzerbrechende Geschosse. Die kurze 7-cm-Kanone besaß eine Mündungsgeschwindigkeit von nur 420 m/s und konnte beim Einsatz panzerbrechender Munition auf 1100 Meter nur eine Panzerung von 40 Millimetern Stärke bei einem Winkel von 30 Grad durchschlagen – für eine Panzerabwehrwaffe sehr dürftig.

Daimler-Benz baute im Frühjahr 1940 insgesamt 30 Vorserienmodelle und rüstete fünf Versuchsbatterien aus, von denen eine im Juni 1940 beim Feldzug im Westen kurzzeitig zum Einsatz kam. Der Erfolg des Fahrzeugs in Frankreich veranlaßte die Wehrmacht, im Juli 1940 die Serienproduktion einzuleiten. Dabei sollte bis zum September 1940 ein Ausstoß von 50 Fahrzeugen pro Monat erreicht werden. Das erste Serienmodell, das StuG III Ausf A, unterschied sich von den Vorserienmodellen nur durch einen größeren Motor, den Maybach HL 120 TR mit 320 PS. Die ersten Exemplare der Ausführung A wurden von Alkett gebaut, von 1943 an jedoch beteiligten sich auch MIAG und Daimler-Benz am Bau des Sturmgeschützes. Wegen anfänglicher Schwierigkeiten bei der Herstellung konnte der geplante Ausstoß zunächst nicht erreicht werden. Es wurden in der zweiten Hälfte des Jahres 1940 lediglich 184 StuG III produziert, also ungefähr 30 Stück pro Monat.

Ende 1940 wurde die Ausführung B in Dienst gestellt. Im Jahr 1941 folgten die Ausführungen C, D und E, die jeweils nur geringfügig modifiziert waren. All diese Fahrzeuge erhielten ein neues, synchronisiertes Aphon-Getriebe mit sechs Gängen. Ein Nachteil aller frühen Sturmgeschütze war das Fehlen eines MG für die Selbstverteidigung. Als während des Jahres 1941 auch noch die Produktion des PzKpfw III gesteigert wurde, waren weniger geeignete Laufwerke verfügbar, so daß die deutschen Werke in diesem Jahr nur 548 StuG III fertigstellen konnten.

Nachdem die deutschen Truppen in der Sowjetunion auf gut gepanzerte Feindkräfte gestoßen waren, wurde klar, daß sie stärkere und beweglichere Panzerabwehrwaffen benötigten. Obwohl das StuG III eigentlich für die Infanterie-Nahunterstützung vorgesehen war, schien es auch für diese Aufgabe durchaus geeignet. Daher erteilte Hitler am 28. September 1941 den Befehl, das Fahrzeug besser zu panzern

und mit einer längeren 7,5-cm-Kanone zu versehen. Es war nun für die Panzerabwehr geeignet, dafür aber recht schwer und langsam. Das Waffenamt gab Daimler-Benz den Auftrag, dieses neue Fahrzeug unter Verwendung eines modifizierten Aufbaus von Rheinmetall-Borsig zu entwickeln. Der fertiggestellte Prototyp wurde Hitler am 31. März 1942 vorgeführt und ging kurz darauf als StuG III Ausf F in Produktion. Das

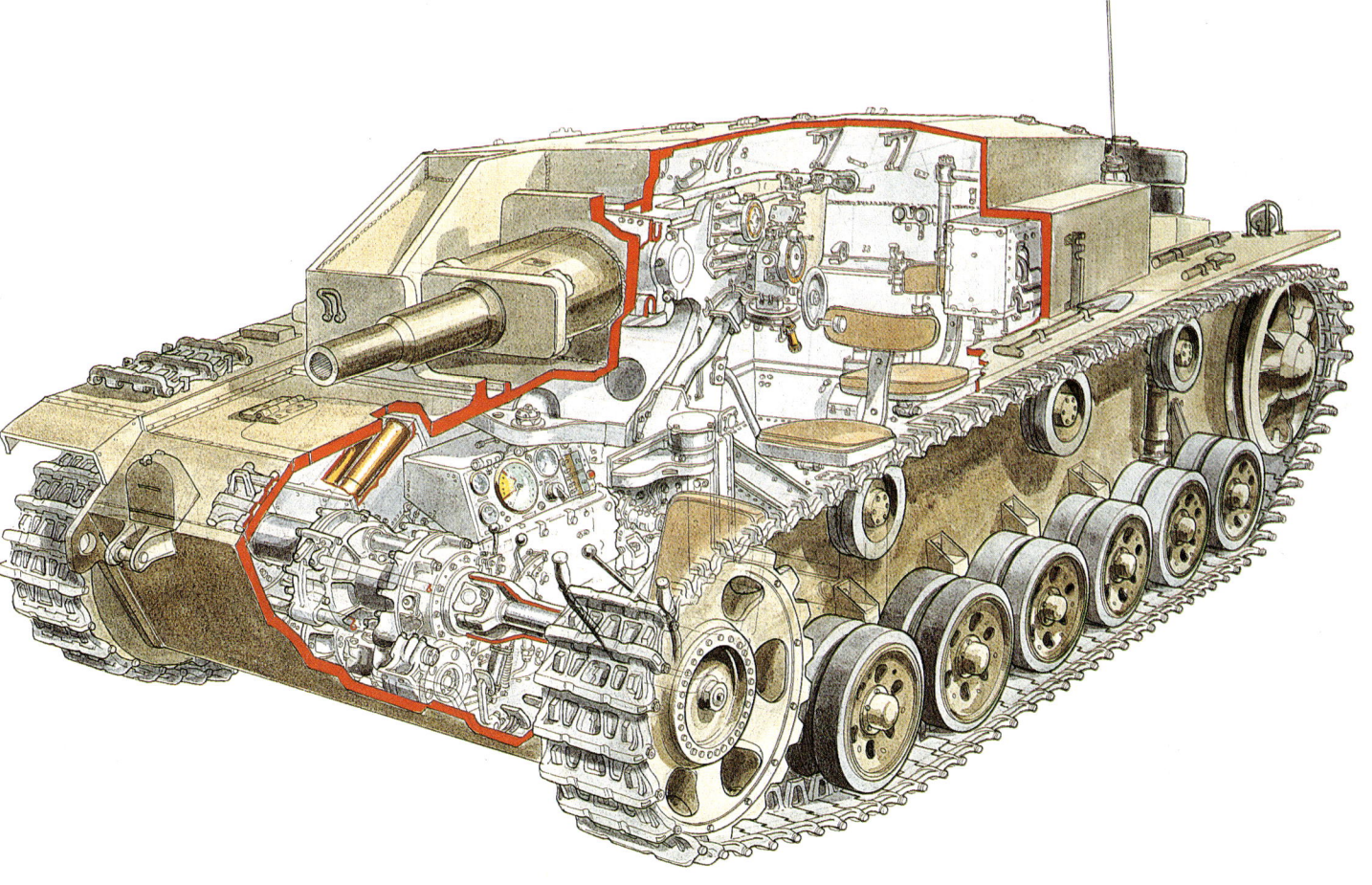

TECHNISCHE DATEN: Sturmgeschütz III Ausf A (Sdkfz 142)

ALLGEMEINE DATEN
Art des Fahrzeugs: Selbstfahrgeschütz
Indienststellung: Frühjahr 1940
Besatzung: vier Mann
Kampfgewicht: 21,3 t

ABMESSUNGEN
Länge über alles: 5,41 m
Breite über alles: 2,92 m
Höhe: 1,95 m

BEWAFFNUNG
Hauptbewaffnung: 7,5-cm-StuK 37 L/24
Schwenkbereich der Bordkanone:
12,5° links und rechts
Nebenbewaffnung: –

MUNITIONSVORRAT
Hauptbewaffnung: 84 Schuß
Nebenbewaffnung: –

PANZERUNG
Wanne vorn (Bug): 50 mm (im Winkel von 69°)
Wanne vorn (Platte für den Fahrer): 50 mm (im Winkel von 80°)
Wanne seitlich: 30 mm (im Winkel von 90°)
Wanne hinten: 8 mm (im Winkel von 60° bis 80°)
Aufbau vorn: 50 mm (im Winkel von 75°)
Aufbau seitlich: 30 mm (im Winkel von 90°)

Aufbau hinten: 30 mm (im Winkel von 60°)
Aufbau oben: 8 mm (im Winkel von 0° bis 12°)

ANTRIEB
Motor: V12-Motor Maybach HL 120 TRM
Leistung: 300 PS
Tankinhalt: 320 l

FAHRLEISTUNGEN
Höchstgeschwindigkeit Straße: 45 km/h
Höchstgeschwindigkeit Gelände: 19 km/h
Reichweite Straße: 161 km
Reichweite Gelände: 97 km

Fahrzeug verfügte über die längere (43 Kaliber) 7,5-cm-Sturmkanone (StuK 40 L/43). Dafür mußten einige Modifikationen vorn am Aufbau vorgenommen werden. Die größere Kanone erhöhte auch das Gewicht des Fahrzeugs auf 21,6 Tonnen. Insgesamt wurden 120 StuG III Ausf F gebaut.

Die nächste Version, die Ausführung G, bekam eine noch längere Variante der gleichen Kanone, die 7,5-cm-StuK 40 L/48. Diese Waffe war auch bei allen späteren Ausführungen zu finden. Anders als die Kanone L/43 der Ausführung F, hatte die längere Kanone L/48 der Ausführung G auch eine Mündungsbremse. Dank des längeren Rohrs stieg die Mündungsgeschwindigkeit auf 770 m/s. Die Kampfentfernung bei der Benutzung panzerbrechender Geschosse betrug 2200 Meter. Die Geschosse konnten auf 1000 Meter eine 91 Millimeter starke Panzerung in einem Winkel von 30 Grad und eine 109 Millimeter starke senkrechte Panzerung durchbrechen. Die Erhöhung war zwischen –5 und +20 Grad verstellbar, der seitliche Schwenkbereich betrug 20 Grad. Die Ausführung G war auch die erste Version mit einem 7,92-mm-MG 34 für die Selbstverteidigung. Sie war zudem besser geschützt, denn sie verfügte über eine 30-mm-Zusatzpanzerung aus Stahlplatten, die auf die vorhandene 50-mm-Frontpanzerung geschraubt wurden. Die Panzerung

UNTEN *Ein StuG III in seinem ursprünglichen Zweck bei der Infanterie-unterstützung. Hier unterstützt es einen Infanterietrupp, der in ein sowjetisches Dorf vorrückt. Der Regen hat den Boden in ein Schlammbad verwandelt. Bei diesem Fahrzeug fehlt rechts der Scheinwerfer.*

an den Seiten und auf dem Dach wurde ebenfalls verstärkt. Von 1943 an erhielt das Fahrzeug seitliche Schürzen, um die Ketten vor der Wirkung von Hohlladungsgeschossen zu schützen. Damit stieg das Gewicht auf 24 Tonnen.

Da die Produktion nun vereinheitlicht wurde und sich verschiedene weitere Hersteller beteiligten, konnten endlich hohe Stückzahlen erzielt werden. Hitler gab das ehrgeizige Ziel von 220 Stück pro Monat vor, das bis zum Juni 1943 zu erreichen war. Im folgenden Jahr verlangte er sogar einen Ausstoß von 300 Exemplaren pro Monat. Diese Ziele wurden nicht nur erreicht, sondern übertroffen. Die deutschen Werke bauten im Jahr 1943 insgesamt 3041 StuG III, im folgenden Jahr sogar 4850, und erst 1945 sank die Zahl auf magere 123 Stück. Die Erhöhung der Produktion war durch die Einstellung des PzKpfw III im August 1943 möglich geworden, denn danach wurde das Laufwerk nur noch für das StuG III benutzt.

Eine wichtige Rolle spielten auch Vereinfachungen bei der Produktion. Zu diesen Maßnahmen zählten ein teilweise gegossener Aufbau und eine gußeiserne „Saukopf"-Blende mit einer 50-mm-Panzerung anstelle der kastenförmigen Blende, die bislang aufgeschraubt wurde. Die Ausführung G wurde zahlreichen kleineren Modifikationen unterzogen. Ab Ende 1943 wurde der Panzerschutz verbessert, nicht durch den Einbau stärkerer Panzerplatten, sondern durch eine Verbundkonstruktion der Frontplatten. Vom Frühjahr 1944 an erhielt der Aufbau vorn einen zusätzlichen Schutz in Form von 15 Millimetern Beton.

Von 1943 an wurden etwa zehn Prozent der Produktion einer neuen Sturmhaubitze gewidmet, die über ein 28 Kaliber langes 10,5-cm-Rohr anstelle der 7,5-cm-Kanone verfügte. Diese Waffe lief unter der Bezeichnung StuH 42 L/28. Die Produktion wurde Ende 1942 in kleiner Zahl begonnen. Die Sturmhaubitze sollte zur Infanterieunterstützung eingesetzt werden, weil das Sturmgeschütz immer mehr für die Panzerabwehr reserviert wurde. Die 10,5-cm-Sturmhaubitze 1942 hieß bei der Truppe einfach StuH 42. Das Fahrzeug besaß eine elektrisch abgefeuerte Version der deutschen Feldhaubitze 10,5 cm 1918 mit Mündungsbremse. Die 2,95 Meter lange Waffe bot einen horizontalen Schwenkbereich von 20 Grad und eine Erhöhung zwischen –6 und +20 Grad. Die Mündungsgeschwindigkeit lag bei 540 Metern pro Sekunde. Wie die frühen Ausführungen des StuG III besaß die StuH 42 kein MG für die Selbstverteidigung. Wegen der relativ geringen Länge des Laufwerks und der Größe der 105-mm-Munition konnten nur 36 Schuß mitgeführt werden. Das Fahrzeug führte mehr Sprenggeschosse und nur einige panzerbrechende Geschosse mit, denn schließlich wurde es ja als Sturmgeschützersatz für die Infanterieunterstützung entwickelt.

Die ersten StuH 42 wurden auf dem Laufwerk des PzKpfw III Ausf F gebaut, aber alle späteren Fahrzeuge basierten grundsätzlich auf der Ausführung G. Ende 1942 wurden noch 42 Haubitzen produziert, 1943 bereits 204 Stück und

1944 sogar 904. Im gleichen Jahr wurde die Produktion bereits wieder eingestellt. Die ersten Serienmodelle verfügten noch über eine Mündungsbremse, um Reichweite und Leistung zu verbessern. Dieses Merkmal fiel jedoch im Jahr 1944 dem Rotstift zum Opfer. Obwohl das Gewicht der StuH 42 durch die größere Kanone auf 24,5 Tonnen stieg, entsprachen die Fahrleistungen etwa denen des StuG III Ausf G.

Da nach einigen Kriegsjahren beträchtliche Mittel in die Produktion des Sturmgeschützes investiert wurden und in Deutschland damals jede Menge Dienststellen mit sich überschneidenden Kompetenzen existierten, war es wohl unvermeidlich, daß ein erbitterter Kampf um diese Fahrzeuge ausbrach. Nachdem Heinz Guderian im Frühjahr 1943 von Hitler zum Generalinspekteur der Panzertruppe ernannt wurde, stritten sich gleich drei Truppengattungen um die begehrten Fahrzeuge: Guderians Panzertruppe, die Infanterie und die Artillerie. Guderian versuchte, die Schwächen der deutschen Panzertruppe durch den Einsatz von Sturmgeschützen auszugleichen. Der Kampf endete mit einem Kompromiß: Hitler unterstellte Guderians Panzertruppe und ausgewählten Panzerjägerbataillonen der Infanterie

OBEN *Ein StuG III unterstützt einen deutschen Infanterietrupp, der sich Ende 1942 durch die zerstörten Vororte von Stalingrad kämpft. Die Schlacht endete in einem erbitterten Häuserkampf, wo um jeden Meter verzweifelt gerungen wurde, bis die Stadt in Ruinen lag.*

einige Sturmgeschütze, die große Mehrzahl blieb aber bis zum Ende des Krieges bei der Artillerie.

Als Folge dieses Kompromisses mußten die Sturmgeschütze die unterschiedlichsten Aufgaben bei allen möglichen Truppenteilen wahrnehmen. Zunächst kamen sie in selbständigen Sturmgeschützbataillonen zum Einsatz, die über drei Kompanien mit je zehn Fahrzeugen sowie über ein Führungsfahrzeug verfügten. Bis zum Juni 1941 hatte das Heer zehn solcher Bataillone aufgestellt und an die Ostfront verlegt. Hier wurden sie in immer stärkerem Maße zur Panzerabwehr eingesetzt. Sie unterstützten die weit verteilten Infanterietruppen, die über wenige gepanzerte Reserven verfügten. Die Zahl der Sturmgeschützbataillone stieg weiter, von 19 im Juli 1942 auf 37 Ende 1943. In den Jahren 1943 und 1944 begann das Heer, die Sturmgeschütze in den Panzerbataillonen der neu aufgestellten Panzergrenadiertruppe einzusetzen. Ende 1943 setzte das Oberkommando die Sturmgeschütze in den neuen Panzerjägerkompanien der Panzerabwehrbataillone ein, die ab 1944 in jeder Infanteriedivision vorhanden waren. Diese Maßnahme war erforderlich, weil die Jagdpanzer IV und 38(t) mit beträchtlicher Verzögerung aus den Werken rollten.

Weitere Entwicklungen beim Einsatz des StuG III ergaben sich 1944, als die strategische Lage Deutschlands immer schwieriger und das Sturmgeschütz immer gefragter wurde. Im Sommer 1944 strukturierte das Heer die 42 im Einsatz befindlichen Sturmgeschützbataillone zu Brigaden um, um ihre taktische Bedeutung und ihre Unabhängigkeit zu unterstreichen. Einige wurden sogar zu größeren Verbänden von 45 Sturmgeschützen zusammengefaßt. Ab Ende 1944 schuf das Oberkommando sogar truppenteileigene Grenadierzüge, um den neu geschaffenen Sturmartilleriebrigaden enge Infanterieunterstützung zu geben.

Ein ernsthaftes Problem der deutschen Sturmgeschützeinheiten bestand darin, daß sie als unabhängige Heerestruppen stark gefragt waren. So mußte das Oberkommando sie ständig von Krisenherd zu Krisenherd verlegen, um die überforderte deutsche Infanterie zu unterstützen. Wegen dieser ständigen Wechsel konnten sich die Truppenteile nicht aufeinander einstellen, was beim Gefecht der verbundenen Waffen ein großer Nachteil war. Die Infanterie wiederum konnte in der Regel die Sturmgeschütze nicht richtig unterstützen, denn es fehlte ihr an der entsprechenden Erfahrung. Im Jahr 1944 versuchte das Oberkommando, diesen Mangel dadurch wettzumachen, daß es den Sturmartillerieeinheiten Infanteriebegleitzüge mitgab, um ihnen wenigstens ein Mindestmaß an eigener Infanterieunterstützung zukommen zu lassen. Diese Neuerung wurde allerdings nur langsam umgesetzt, denn das deutsche Heer hatte im Jahr 1945 einfach nicht mehr genug Soldaten. So konnte man am 1. Januar 1945 zwar 39 Sturmartilleriebrigaden einsetzen, aber nur sieben verstärkte Sturmartilleriebrigaden mit eigenen Infanteriebegleitzügen.

Im Jahr 1944 wurde das StuG III auch vermehrt bei den Panzerregimentern der Panzerdivisionen verwendet. Das allgegenwärtige Sturmgeschütz wurde auch an die verbündeten Staaten – Finnland, Rumänien, Ungarn und Bulgarien – geliefert, um deren dürftige Panzertruppen zu verstärken. Da die Produktion der Sturmgeschütze Ende 1944 rapide anstieg, hatte das Heer in seinem Inventar schließlich mehr Sturmgeschütze als echte Panzer: Am 1. Februar 1945 hatte die Zahl aller Sturmgeschütze im Heer mit 6501 einen absoluten Höhepunkt erreicht, während nur noch 6191 Panzer zur Verfügung standen. Danach sank die Produktion der Sturmgeschütze aber rasch. Waren es im Dezember 1944 noch 1025 Stück gewesen, kamen die Hersteller im März 1945 nur noch auf 347 Exemplare. Wegen der drastisch schrumpfenden Produktion und der katastrophalen Verluste an gepanzerten Kampffahrzeugen, die Deutschland Anfang 1945 hinnehmen mußte, verfügte das Heer Anfang 1945 nur noch über 943 einsatzbereite StuG III. Trotz dieser enormen Verluste blieb das StuG III bis zum letzten Monat des Krie-ges das häufigste gepanzerte Kampffahrzeug des deutschen Heeres.

Das StuG III erwies sich als robust und zuverlässig. Es war eine wirksame Panzerabwehrwaffe. Es verfügte über die gleiche Kanone wie der PzKpfw IV und eine gleichwertige oder sogar geringfügig bessere Panzerung. Dazu kam der Vorteil der niedrigeren Silhouette. Obwohl die 7,5-cm-Kanone im Jahr 1945 kaum noch ein ernst zu nehmender Gegner für die neuen schweren Panzer der Sowjets und der westlichen Alliierten war, blieb das StuG III bis zum Kriegsende eine brauchbare bewegliche Panzerabwehrwaffe. Es litt allerdings unter dem Mangel aller deutschen Selbstfahrgeschütze: Es hatte keinen schwenkbaren Turm. Da das Heer diese Waffe nach 1943 in erster Linie zur Verteidigung einsetzte, war dieser Mangel jedoch nicht allzu schwerwiegend. Vom Sturmgeschütz III wurden über 9000 Einheiten produziert, mehr als von jedem anderen deutschen gepanzerten Kampffahrzeug im Zweiten Weltkrieg.

UNTEN *Eine Besatzung mit ihrem StuG III – wahrscheinlich eine Ausführung F – während einer Pause im Kampf um Staraja Russia im April 1943. Sturmgeschütze wie dieses erhielten stärkere Kanonen und wurden dann zur Unterstützung der Panzer in der Panzerabwehr eingesetzt.*

Das StuG III im Gefecht

Zwei deutsche Sturmgeschützbrigaden, die 341. und die 394., kämpften 1944 im Westen während des Feldzugs in der Normandie. Das StuG III war auch in je zwei Kompanien der Panzerregimenter der 2., 9. und 10. SS-Panzerdivision vertreten, die ebenfalls in der Normandie kämpften. Die Panzerjägerbataillone der 1. und 2. SS-Panzerdivision waren ebenfalls mit dem StuG III ausgerüstet, denn der eigentlich vorgesehene Jagdpanzer IV war noch nicht in ausreichenden Stückzahlen verfügbar.

In den harten Verteidigungsgefechten des letzten Kriegsjahres bewies das StuG III seinen wahren Wert und zeigte sich als brauchbarer Panzerknacker. Das Fahrzeug schlug sich aber auch bei den wenigen Angriffsoperationen, die das deutsche Heer 1944 und 1945 noch unternahm, recht ordentlich. Verbände mit dem StuG III nahmen im Dezember 1944 an der Ardennen-Offensive teil, wo die niedrige Silhouette und der sparsame Umgang mit dem Kraftstoff das Fahrzeug zur ersten Wahl für Operationen in dem bewaldeten, hügeligen Gelände machte. Zu diesen Verbänden zählte die 244. Sturmgeschützbrigade, die sich bei den Kämpfen besonders auszeichnen konnte. Es gelang ihr, bei einem eigenen Verlust von nur zwei Sturmgeschützen 54 amerikanische Panzer zu zerstören.

Einer der wirksamsten Sturmgeschützverbände war die 190. Sturmgeschützbrigade, die im Rahmen der Verteidigung von Westpreußen im Frühjahr 1945 in den Berichten des Oberkommandos gleich zweimal lobend erwähnt wurde. Sie zählte zu den ältesten Sturmgeschützbataillonen, denn sie war bereits 1940 aufgestellt worden und konnte auf eine lange und beeindruckende Geschichte als Panzerabwehrverband zurückblicken. Allein am 26. Februar 1945 verzeichnete die Brigade die Zerstörung von 104 feindlichen Panzern, während sie selbst nur vier Sturmgeschütze verlor. Das Oberkommando war von dieser Leistung so beeindruckt, daß die Brigade als Belohnung aus der eingekesselten Enklave Westpreußen abziehen durfte, aber nur, um anschließend an der letzten verzweifelten Verteidigung von Berlin teilzunehmen!

Ein weiterer herausragender Sturmgeschützverband war die 232. Sturmgeschützbrigade. Im Frühjahr 1945 setzte die Brigade den Kampf fort, obwohl sie auf der Halbinsel Samland in Ostpreußen von den eigenen Kräften abgeschnitten war. Verstärkt durch Reste anderer versprengter Brigaden, wurde sie zum stärksten deutschen Sturmgeschützverband im Krieg. Im Februar 1945 verfügte sie über mehr als 2000 Mann und 47 Sturmgeschütze. Aber auch diese Brigade konnte der zahlenmäßigen Überlegenheit der Roten Armee nicht standhalten und verlor ein Sturmgeschütz nach dem anderen. Bis zum April 1945 war auch das letzte Sturmgeschütz ausgefallen. Um der Gefangennahme durch die Rote Armee zu entgehen, wurden die restlichen Truppen am 8. Mai 1945, dem letzten Tag des Krieges, auf Marinebooten von Danzig nach Hela gebracht, von wo sie in der gleichen Nacht mit Hilfe eines einzigen, völlig überladenen Torpedoboots nach Dänemark evakuiert wurden.

Die Sturmgeschütze spielten auch eine wichtige Rolle bei der letzten Verteidigung der Reichshauptstadt Berlin im April 1945. Ein Verband, der in der Nähe von Berlin neu

UNTEN *Die große kastenförmige Rohrblende mit der langen 7,5-cm-Pak L/48 ist hier besonders gut zu sehen. Dieses StuG III Ausf G wurde 1943 gebaut und verfügt über ein MG zur Selbstverteidigung. Es sitzt in einem Schutzschild auf dem Dach.*

OBEN *Soldaten der 9. SS-Panzerdivision „Hohenstauffen" vor ihrem StuG III Ausf G nach dem Sieg bei Arnheim Ende 1944. Die gefürchtete Waffen-SS war vom Widerstand der britischen Fallschirmjäger so beeindruckt, daß sie die Gefangenen mit dem größten Respekt behandelte.*

zusammengestellt wurde, war die 243. Sturmartilleriebrigade, einer der wenigen verstärkten Sturmgeschützverbände. Der erfahrene Verband war in den vorangegangenen Verteidigungskämpfen aufgerieben und Mitte April als improvisierte Infanterie zur Verteidigung des Teltow-Kanals eingesetzt worden, weil ihm die Sturmgeschütze ausgegangen waren. Schließlich erhielt die Brigade 40 nagelneue Sturmgeschütze, die gerade bei der Firma Alkett in Berlin vom Band gelaufen waren, und nahmen am 14. und 15. April 1945 am Kampf gegen den amerikanischen Brückenkopf über die Elbe bei Schönebeck teil. Danach beteiligte sich die Brigade unter der Führung der neu aufgestellten Theodor-Körner-Division, die aus Ausbildungspersonal und Mitgliedern des Arbeitsdienstes bestand, an der Verteidigung von Berlin. Der Brigade, unterstützt von der Sturmgeschützlehrbrigade Schill (bestehend aus Lehrern und Rekruten der Schule Burg bei Magdeburg), gelang es, Treuenbrietzen erfolgreich zurückzuerobern. Allerdings gelang es ihnen nicht, den massiven sowjetischen Riegel um die Reichshauptstadt zu brechen und Hitler zu befreien.

Den Auftrag, nach Berlin durchzudringen, konnte aber die 249. Sturmgeschützbrigade erfüllen. Es sollte einer der letzten Erfolge des deutschen Heeres überhaupt werden. Am 24. April holten sich die Besatzungen der 249. Brigade 31 brandneue Sturmgeschütze direkt bei den Alkett-Werken in Berlin-Spandau ab, die letzten Fahrzeuge, die überhaupt produziert werden sollten. Sie versuchten dann, den Vormarsch der sowjetischen Speerspitzen auf Spandau aufzu-

halten. Am 27. April befahl das Oberkommando der Brigade einen Gegenangriff, um den sowjetischen Ring um Berlin zu durchbrechen. Erstaunlicherweise gelang es der 249. Brigade, den massiven Riegel zu durchstoßen und ihre Verteidigungsstellungen bei Friedrichshain zu beziehen. Für diese Leistung erhielt der Brigadekommandeur sofort das Ritterkreuz. Bis zum 30. April hatte die Brigade allerdings nur noch neun Sturmgeschütze und zog sich kämpfend zum Alexanderplatz zurück. Schließlich kämpfte sie ihr letztes Gefecht an der Technischen Universität. In der Nacht vom 2. zum 3. Mai machte die Kunde von Hitlers Selbstmord und der unmittelbar bevorstehenden Kapitulation die Runde, und die Reste der 249. Brigade versuchten, aus Berlin auszubrechen. Dieser verzweifelte Fluchtversuch wurde von den letzten drei verbliebenen Sturmgeschützen der Brigade angeführt. Sie wurden aber schnell kampfunfähig geschossen, und der Ausbruchsversuch mußte in der Nähe von Spandau aufgegeben werden. Es gelang aber tatsächlich kleinen Gruppen einschließlich des Brigadekommandeurs, der Gefangennahme zu entgehen und sich den Amerikanern zu ergeben. Während der letzten Kriegstage wurden viele Sturmgeschütze beim letzten Kampf von den zahlenmäßig überlegenen Alliierten vernichtet.

KAPITEL 10

PANZER IV

Dieser zuverlässige Panzer wurde regelmäßig mit stärkeren Kanonen und Panzerungen versehen und blieb während des gesamten Krieges im Fronteinsatz. Er war sozusagen das Arbeitspferd des Heeres. Er blieb als einziger deutscher Panzer den ganzen Krieg über in Produktion und war wohl auch der am längsten gebaute Panzer des Krieges.

Sowohl der Panzerkampfwagen III als auch der PzKpfw IV – die beiden wichtigsten Panzer der Wehrmacht in der ersten Hälfte des Krieges – haben ihren Ursprung in einer Besprechung des Heereswaffenamts vom 11. Januar 1934. Dabei wurde festgelegt, welches Gerät das neue, wesentlich vergrößerte Heer benötigen würde. Diese Vergrößerung war seit der Machtübernahme durch die Nationalsozialisten fest eingeplant. Das Waffenamt war der Meinung, daß die deutschen Rüstungsfirmen unbedingt Panzer entwickeln müßten, die schwerer als die in der Planung befindlichen leichten Ausbildungspanzer I und II waren. Im Herbst 1934 einigten sich der Generalinspekteur der Kraftfahrtruppe, General Lutz, und sein Stabschef, General Guderian, darauf, daß die geplanten Panzerdivisionen unbedingt

LINKS Die Besatzung dieses PzKpfw IV hat den Motor aus dem Heck ausgebaut, um Reparaturarbeiten vorzunehmen. Die beiden großen Luken im Heck der Wanne erlauben den Zugang zum eingebauten Motor.

einen mittleren/schweren Panzer oder einen Nahunterstützungspanzer mit einer kurzen 7,5-cm-Kanone bekommen sollten, um den leichteren Panzern Feuerunterstützung zu leisten. Diese Kanone bot ihre besten Leistungen mit Sprengmunition, allerdings auf Kosten der Fähigkeit zur Panzerabwehr. Angesichts der Gewichtsbeschränkungen der vorhandenen Brücken forderte das Waffenamt, daß der vorgeschlagene schwere Panzer mit der Bezeichnung VK 2000 nicht mehr als 24 Tonnen wiegen durfte. Das Oberkommando verlieh dem Vorhaben prompt eine neue Bezeichnung: Es hieß nun Bataillonsführerwagen, um zu verschleiern, daß Deutschland bereits Panzer baute, während offiziell noch die Einschränkungen des Versailler Vertrags galten.

Entwicklungsgeschichte

Im Jahr 1934 präsentierten die Firmen Rheinmetall-Borsig, Krupp und MAN jeweils einen Prototyp des Bataillonsführerwagens, aber das Waffenamt hielt alle Konstruktionen für

ungeeignet. Sowohl Krupp als auch MAN hatten hochmoderne Systeme mit versetzten Laufrollen vorgeschlagen, die dem Waffenamt aber zu wagemutig erschienen. Im folgenden Jahr stellte Krupp einen Prototyp für die Entwicklung des mittleren Panzers ZW vor, aus dem schließlich der PzKpfw III hervorging. Dieser erfolglose ZW-Prototyp wurde in der Folge die Grundlage für das Panzerfahrzeug BW von 1936, das diesmal vom Waffenamt akzeptiert wurde. Krupp vereinigte in diesem Prototyp Merkmale aus allen drei Vorgängermodellen und schuf daraus das erste Vorserienmodell 1/BW, später in PzKpfw IV Ausf A umbenannt. Dieses neue Fahrzeug verfügte über die Blattfedern aus dem ursprünglichen ZW-Prototyp. Der PzKpfw IV, der während des gesamten Krieges weitergebaut werden sollte, wurde zum häufigsten Panzer der Wehrmacht. Er sollte zwar eigentlich nie das Rückgrat der Panzertruppe werden, aber die Konstruktion war so gelungen und zuverlässig, daß sie genügend Potential zur Weiterentwicklung hatte, um stets mit den neuesten taktischen und technischen Entwicklungen Schritt zu halten. Dabei waren keine grundlegenden Änderungen erforderlich. So wurde der PzKpfw IV zum wichtigsten Kampfpanzer des deutschen Heeres im Zweiten Weltkrieg.

OBEN *Der erste PzKpfw IV, die Ausführung A, wurde 1937 in Dienst gestellt. Von diesem Vorserienmodell wurden nur 35 Stück gebaut. Es ist an der integrierten Rohrblende und der ungleichmäßigen Frontplatte zu erkennen. Die Platte des Funkers ist gegenüber der Platte des Fahrers zurückgesetzt.*

Trotzdem gab es zunächst allerhand Schwierigkeiten bei der Produktion, denn den Herstellern fehlte jede Erfahrung im Bau schwerer Panzer. Da auch die Einrichtungen erst geschaffen werden mußten, startete die Produktion nur zögerlich. Zunächst wurde mit kleinsten Stückzahlen begonnen. Zu den auffälligsten Merkmalen des PzKpfw IV zählt der Aufbau, der seitlich weit über die Wanne ragt. So war es kein Problem, später stärkere Kanonen einzubauen und genügend Stauraum zu schaffen. Der PzKpfw IV konnte 122 Schuß für die 7,5-cm-Kanone KwK L/24 mitführen. Die Munition für die Hauptbewaffnung umfaßte Spreng- und Nebelgeschosse für die Unterstützung der Infanterie sowie eine geringe Zahl panzerbrechender Geschosse. Daneben hatte das Fahrzeug zwei 7,92-Millimeter-MG 34, eines koaxial neben der Hauptbewaffnung eingebaut und ein weiteres im Bug der Wanne. Es war auch genügend Platz für 2000 Schuß MG-Munition vorhanden. Der Turm konnte elektrisch geschwenkt werden. Die benötigte Energie dafür lieferte ein kleiner Zweizylinder-Zweitakter von DKW.

Das Laufwerk des PzKpfw IV, das übrigens bei allen Ausführungen beibehalten wurde, bestand aus vier Rollenwagen mit je zwei Laufrollen auf jeder Seite, je einem Triebrad vorn und einem Leitrad hinten. Die Hersteller bauten im Jahr 1936 eine erste Serie von 35 1/BW (PzKpfw IV Ausf A), die für Erprobungen und die Ausbildung genutzt wurde. Das Fahrzeug war mit einer fünfköpfigen Besatzung belegt und wurde von einem Maybach-V12-Vergasermotor vom Typ HL 108 TR mit 250 PS angetrieben. Mit 17,3 Tonnen blieb das Gewicht im vorgegebenen Rahmen. Die Ausführung A erreichte auf der Straße eine Höchstgeschwindigkeit von 30 km/h. Die Reichweite lag bei 140 Kilometern auf der Straße und 90 Kilometern im Gelände. Der Hauptgrund dafür, warum das Gewicht so niedrig ausgefallen war, war die relativ bescheidene Panzerung. Sie betrug lediglich 14,5 Millimeter an der Wanne und 20 Millimeter am Turm. Die nächste Version, die Ausführung B, wurde ab 1937 in zunächst geringen Stückzahlen gebaut. In diesem Jahr wurden 45 Panzer fertiggestellt, die alle beim Polenfeldzug zum Einsatz kamen. Diese Ausführung war dank einer Frontpanzerung von 30 Millimetern besser geschützt und mit 17,7 Tonnen

nicht wesentlich schwerer. Das lag aber auch daran, daß der Munitionsvorrat nun auf 80 Schuß gekürzt wurde. Trotzdem kam mit dem Maybach HL 120 TR mit 300 PS ein stärkerer Motor zum Einsatz. In den Jahren 1938 und 1939 folgte das erste Serienmodell, der PzKpfw IV Ausf C, der aber wiederum nur in geringen Stückzahlen gebaut wurde. Trotzdem bildeten die 140 PzKpfw IV Ausf C die Masse der Panzer IV in Polen. Diese neuen Modelle unterschieden sich von den Vorserienversionen durch eine stärkere 30-mm-Panzerung vorn am Turm und durch eine Frontplatte, die nun aus einem Stück bestand.

Im Spätsommer 1939 ging der PzKpfw IV Ausf D (Sdkfz 161) in Produktion. Diese Version hatte eine Reihe kleinerer Änderungen aufzuweisen, darunter eine stärkere Panzerung von 20 Millimetern an den Seiten und am Heck. Damit stieg das Gewicht auf 20 Tonnen. Bis zum Beginn des Polenfeldzugs waren 45 PzKpfw IV Ausf D fertiggestellt. Insgesamt wurden 248 Exemplare gebaut, bevor im Dezember 1940

UNTEN *Das Nationalsozialistische Kraftfahrkorps (NSKK) sorgte für die Fahrschulausbildung der Rekruten, bevor sie zur Wehrmacht eingezogen wurden. Hier übt eine Besatzung 1944 mit einem ausgemusterten PzKpfw IV Ausf C des Baujahrs 1938/39.*

OBEN *Ein PzKpfw IV in einem Wald irgendwo in der Sowjetunion. Sobald die Besatzung das Fahrzeug mit Zweigen und Laubwerk getarnt hat, ist es für die Soldaten der Roten Armee kaum noch zu erkennen.*

die neue Ausführung E erschien. Bei dieser Version wurde die Stärke der Frontplatte auf 50 Millimeter erhöht. Die Seiten wie auch die Platte des Fahrers wurden mit einer aufgeschraubten Zusatzpanzerung versehen. Daneben verfügte die Ausführung E über ein neues Visier und eine neue Kommandantenkuppel. Die Kampferfahrungen aus Frankreich und Polen hatten bestätigt, daß das Fahrzeug im Prinzip gut konstruiert war, und im Sommer 1940 erhielt es endgültig die Bezeichnung PzKpfw IV (Sdkfz 161). Die Tarnbezeichnungen wurden von nun an fallengelassen. Beim Feldzug im Westen 1940 erwies sich die 7,5-cm-Kanone als wertvolle Waffe gegen die schweren englischen und französischen Panzer (Matilda II und Char B), mit denen die klei-

neren Panzerkanonen große Schwierigkeiten hatten. Der Feldzug zeigte auch, daß die meisten leichten und mittleren Panzer der Alliierten nicht in der Lage waren, die Panzerung der neuesten Ausführungen der PzKpfw IV zu durchbrechen. Krupp baute insgesamt 223 Exemplare des PzKpfw IV Ausf E, bevor im Februar 1941 die Ausführung F1 in Dienst gestellt wurde. Die höhere Produktion bewies, wie wichtig der PzKpfw IV neben dem PzKpfw III inzwischen geworden war. Die deutschen Werke nutzten im Jahr 1941 auch die Werkstattaufenthalte älterer Ausführungen, um sie technisch auf den Stand der Ausführung F zu bringen.

Der PzKpfw IV Ausf F1 war das erste Modell in einer Reihe stärker gepanzerter Versionen, die als Reaktion auf die schweren englischen und französischen Panzer entwickelt wurden, auf die die Wehrmacht im Mai/Juni 1940 gestoßen war. Die erheblich überarbeitete Ausführung F1 erlebte ihren ersten Einsatz gegen das britische Heer 1941 in Nord-

afrika. Bei diesem Fahrzeug war die Panzerung von Grund auf überarbeitet worden. Sie bestand nun aus einteiligen, 50 Millimeter starken Panzerplatten an der Front und 30-mm-Platten an den Seiten anstelle der aufgeschraubten Zusatzpanzerung der vorherigen Ausführungen. Eine neue Kugelblende für das MG sorgte für bessere Selbstverteidigung, und das Visier des Fahrers wurde ein weiteres Mal geändert. Da das Gewicht des Fahrzeugs inzwischen auf 22,3 Tonnen gestiegen war, mußten die Hersteller breitere 400-mm-Ketten sowie ein breiteres Triebrad einbauen, damit der Bodendruck des Fahrzeugs nicht allzu stark anstieg und die Höchstgeschwindigkeit von 42 km/h auf der Straße beibehalten werden konnte. Die Ausführung F1 wurde im Jahr 1941 weiterhin in begrenzter Auflage bei Krupp gebaut. Zum Start der Operation Barbarossa konnte das Oberkommando 548 PzKpfw IV aller Ausführungen einsetzen. Die Nachfrage nach neuen Panzern stieg bald enorm an, und die Produktion des PzKpfw IV wurde deshalb gesteigert. Insgesamt wurden 975 PzKpfw IV Ausf F1 gebaut.

Im März 1942 begannen die Hersteller, die letzten PzKpfw IV der Ausführung F mit der 7,5-cm-Kanone (43 Kaliber) KwK 40 auszurüsten. Diese Panzer erhielten die Bezeichnung F2. Die britischen Truppen, die erstmals im

OBEN *Die Ausführung D war der erste PzKpfw IV mit der kurzen 7,5-cm-Kanone in einer schwenkbaren Rohrblende. Mit dieser Version wurde die abgestufte Frontplatte wieder eingeführt, die mit der Ausführung A aufgegeben worden war.*

Frühjahr 1942 in der Wüste auf dieses Fahrzeug trafen, nannten es Mark IV Special. Im Winter 1941/42 traf die Wehrmacht erstmals auf eine große Zahl überlegener sowjetischer Panzer, den mittleren T34 und den schweren KV1. Nach diesen Erfahrungen wurde rasch entschieden, den PzKpfw IV mit einer wesentlich stärkeren Kanone auszurüsten, denn er war der einzige Panzer, der dafür in Frage kam. Daraus entstand die Ausführung F2, die mit der neuen Kanone wesentlich kampfkräftiger als die Vorgängermodelle war. Sie war dem T34 gewachsen und den britischen Kreuzerpanzern, die in Nordafrika zum Einsatz kamen, sogar überlegen. Die längere Kanone des F2 erreichte eine Mündungsgeschwindigkeit von 740 m/s und konnte auf eine Entfernung von 1000 Metern immerhin eine 89 Millimeter starke Panzerung in einem Winkel von 30 Grad durchschlagen. Das reichte über diese Entfernung auf jeden Fall für die Frontpanzerung des T34. Durch die längere Kanone stieg natürlich das Gewicht des Fahrzeugs weiter an. Der Panzer wog inzwischen beachtliche 23,6 Tonnen, und so konnte er auf der Straße nur noch eine Höchstgeschwindigkeit von 40 km/h erreichen.

Im Jahr 1942 wurden die ersten PzKpfw IV Ausf G in Dienst gestellt. Das Grundmodell wog genausoviel wie der F2, besaß aber einen etwas besseren Panzerschutz und an der Bordkanone eine Mündungsbremse mit doppeltem Prallblech. Während der Produktionsdauer mußte sich die Ausführung G zahlreichen Modifikationen unterziehen. Die wichtigste war die Einführung einer längeren (48 Kaliber) 7,5-cm-Kanone Ende 1942. Damit stieg die Mündungsgeschwindigkeit auf 751 m/s. Zu den weiteren Änderungen zählte die Nachrüstung von aufgeschraubten Zusatzpanzerplatten, später folgten 5,9 Millimeter starke Schürzen an den Seiten, die vor den Einschlägen von Hohlladungsgeschossen.

UNTEN *PzKpfw IV in Rußland. Der Panzer links ist mit Schürzen ausgerüstet. Sie bestanden aus Flußstahl und wurden entweder mit Schweißpunkten oder mit Hilfe von Haken befestigt. Gedacht waren sie zum Schutz der Ketten vor Hohlladungsgeschossen.*

schossen schützen sollten. Unter starkem Druck seitens des Oberkommandos, die Produktion weiter zu erhöhen, bauten die deutschen Werke im Jahr 1942 insgesamt 1724 PzKpfw IV Ausf F und G. Gleichzeitig wurden dort auch ältere Versionen des PzKpfw IV auf den neuesten Stand gebracht, wenn ohnehin größere Reparaturen anstanden.

Im März 1943 löste die Ausführung H das Vorgängermodell ab. Auch dieses Fahrzeug wurde im Lauf der Produktion vielen kleineren Änderungen unterzogen. Es wurde als erster Panzer überhaupt ab Werk mit der Zimmerit-Paste gegen Haftminen ausgerüstet. Die Oberfläche des Fahrzeugs war nun völlig uneben und ähnelte eher einer Betonplatte. Der PzKpfw IV Ausf H wurde am Bug mit einer 80 Millimeter starken Panzerung versehen. Die Seiten und das Heck verfügten über 30 beziehungsweise 20 Millimeter starke Platten. Die Vorderseite des Turms und die Rohrblende waren sogar 50 Millimeter stark gepanzert. Mit diesem deutlich verbesserten Schutz wog das Fahrzeug allerdings stolze 25 Tonnen. Darunter litt vor allem die Höchstgeschwindigkeit, die nun nur noch 38 km/h betrug. Die Ausführung H

war die häufigste Version des PzKpfw IV überhaupt. Angetrieben durch die Forderungen von General Guderian, stieg die Produktion 1943 auf 3073 und 1944/45 auf 3161 Stück.

Mitte 1944 hatten sich zwei der größten Hersteller des PzKpfw IV, nämlich Krupp und Vomag, auf die Produktion anderer Fahrzeuge verlegt. So wurde die letzte Version, die Ausführung J, ausschließlich bei den Nibelungenwerken in Österreich gebaut. Diese Version wurde im März 1944 in Dienst gestellt und zeichnete sich durch weitere kleinere Modifikationen aus. So wurden die Panzerplatten der Schürzen durch ein Drahtgeflecht ersetzt. Es war billiger, leichter herzustellen und genauso wirksam gegen Hohlladungsgeschosse wie die massive Ausführung. Das Laufwerk der Ausführung J wurde im Sommer 1944 ebenfalls geringfügig überarbeitet, um die neuen breiteren Ostketten montieren zu können, die besser für das winterliche Gefecht in Eis und Schnee geeignet waren. Mit der Ostkette wurden auch viele ältere Panzerkampfwagen IV nachträglich ausgerüstet. Die einsetzende Materialknappheit zwang die Hersteller dazu, auf den elektrisch schwenkbaren Turm zu verzichten und ein Handrad vorzusehen. Die Folge war, daß der Turm nun wesentlich mehr Zeit zum Schwenken benötigte. Änderungen an der Wanne und der Verzicht auf die elektrische Einrichtung zum Schwenken des Turms schafften aber Platz für einen größeren Tank, der nun 680 Liter Kraftstoff faßte.

OBEN *Der PzKpfw IV Ausf G besaß eine neu konstruierte Mündungsbremse und verzichtete auf die Sehschlitze im Turm. Spätere Versionen der Ausführung G verfügten zur Selbstverteidigung über Nebelwerfer seitlich am Turm. Die letzten Modelle hatten ein anderes Kettenrad.*

Damit erhöhte sich die Reichweite auf beeindruckende 322 Kilometer auf der Straße und 210 Kilometer im Gelände. Das deutsche Oberkommando hatte geplant, die Produktion des PzKpfw IV im Februar 1945 einzustellen. Tatsächlich wurde das Fahrzeug aber bis zum Kriegsende weitergebaut, da die Produktion immer langsamer vonstatten ging. Sie brach schließlich zusammen, weil die Alliierten massive Luftangriffe durchführten und die Rohmaterialien immer knapper wurden. In den Jahren 1944 und 1945 bauten die Nibelungenwerke insgesamt 2392 PzKpfw IV Ausf J.

Spezielle Versionen

Vom Panzerkampfwagen IV wurde eine geringe Zahl spezialisierter Versionen gebaut. Anfang 1940 stellten die verschiedenen Werke insgesamt 20 Brückenlegepanzer IV Ausf C und D her. Gleichzeitig wurden 40 PzKpfw IV wasserdicht gemacht, um an den Unterwassereinsätzen zur Vorbereitung der geplanten England-Invasion teilzunehmen. Als Hitler die Operation abblies, nutzte die Wehrmacht diese Fahrzeuge, um im Juni 1941 zum Beginn der Operation Barbarossa den

Bug zu durchqueren. Daneben wurden in Deutschland elf Munitionspanzer IV Karl als Munitionsträger für jeweils vier der riesigen 2,2-Tonnen-Geschosse des gewaltigen 600-mm-Mörsers „Karl" gebaut.

Im Jahr 1944 produzierten die Hersteller zusammen 97 Panzer-Befehlswagen IV mit Kanonenattrappe, 90 Artilleriebeobachtungspanzer mit Bordkanone und 36 Bergepanzer IV, die über keinen Turm verfügten. Dank seiner Robustheit und Zuverlässigkeit diente das Laufwerk des PzKpfw IV auch als Basis für eine Reihe anderer gepanzerter Kampffahrzeuge, unter anderem den Jagdpanzer IV, das Sturmgeschütz StuG IV und den Sturmpanzer IV Brummbär, ein schweres Angriffsfahrzeug. Eine wichtigere Innovation war die Nutzung des Laufwerks des PzKpfw IV als Grundlage für verschiedene Flugabwehrwaffen oder Flakpanzer. Die wachsende Luftüberlegenheit der Alliierten von 1943 an machte eine bewegliche Flugabwehrkanone mit Kettenlaufwerk dringend erforderlich, denn bis dahin gab es nur improvisierte Flak auf ungepanzerten und teilgepanzerten Zugmaschinen und Halbkettenfahrzeugen. Im September 1943 gab Hitler dem Drängen von Guderian nach und genehmigte den Bau des zweckgebundenen Flakpanzers IV mit einer 3,7-cm-Flak 43 in einer leicht gepanzerten Blende auf dem Laufwerk des PzKpfw IV. Die Kanone konnte rundum geschwenkt werden. Das Fahrzeug hatte sieben Mann Besatzung und konnte 416 Schuß Munition mitführen.

OBEN *Eine Militärkapelle spielt im November 1943 in der Sowjetunion vor einem PzKpfw IV während einer Zeremonie der 5. SS-Panzerdivision „Wiking". Gut zu sehen sind das lange Rohr der 7,5-cm-Kanone und die Schürzen, die die Ketten vor Hohlladungsgeschossen schützen sollen.*

Wegen des hohen Aufzugs und der eckigen Silhouette wurde es „Möbelwagen" genannt. Der Flakpanzer IV wurde im Jahr 1944 bei den Flakpanzerzügen der Panzerregimenter eingesetzt.

Die unbefriedigende Panzerung des Flakpanzers führte dazu, daß die Wehrmacht im Dezember 1943 mit dem Flakpanzer IV Wirbelwind ein völlig neu konstruiertes Modell einführte. Dieses Fahrzeug verfügte über einen 2-cm-Flak-Vierling in einem leicht gepanzerten, 16 Millimeter starken, oben offenen Drehturm auf dem Standardlaufwerk des PzKpfw IV. Es wurde von der Firma Ostbau in Schlesien produziert und erfreute sich bei den Besatzungen rasch großer Beliebtheit, weil es endlich einen angemessenen Schutz bot. Mit einem Kampfgewicht von 22,4 Tonnen verfügte das Fahrzeug über eine fünfköpfige Besatzung und 3200 Schuß von der 2-cm-Munition. Im Jahr 1944 wurden drei oder vier dieser Fahrzeuge bei den Stabskompanien ausgewählter Panzerbataillone eingeführt. Obwohl das Fahrzeug genug Munition für 40 Minuten Dauerfeuer mitführen konnte, ließ sich der Turm nur langsam schwenken, was sich als großes Handicap erweisen sollte, wenn die Waffe auf ihr wichtigstes Ziel traf: die Tiefflieger. Dafür bewies der Flakpanzer seine Stärke auf einem völlig anderen Gebiet: Mit seiner Feuergeschwindigkeit von 800 Schuß in der Minute war er hervorragend zur Abwehr feindlicher Infanterieangriffe geeignet. Allerdings konnte die Ostbau nur 140 Flakpanzer Wirbelwind fertigstellen, bevor der Krieg zu Ende war. So konnte das Fahrzeug keine große taktische Wirkung mehr gegen die Luft- und Bodenangriffe der Alliierten erzielen.

Im März 1944 ging der Flakpanzer IV (3,7 cm) Ostwind in die Serienfertigung. Es handelte sich um eine Entwicklung der Deutschen Eisenwerke, die aber nur noch 40 Fahrzeuge bauen konnten.

Der Ostwind verfügte über eine 3,7-cm-Flak 43 mit einer Feuergeschwindigkeit von 160 Schuß pro Minute in einem stärker gepanzerten Drehturm mit 25 Millimeter dicken Platten. Das Kampfgewicht des Fahrzeugs betrug einschließlich der siebenköpfigen Besatzung und 4216 Schuß Munition 25,4 Tonnen.

Diese Fahrzeuge waren jedoch alle Behelfslösungen. Speziell der oben offene Kampfraum war ein schwerer taktischer Mangel, besonders bei Einsätzen gegen Bodenziele. Sie waren auch kaum in der Lage, die örtliche Luftüberlegenheit der Alliierten ernsthaft zu gefährden. Seine endgültige Gestalt fand der Flakpanzer IV in einer fortschrittlichen

TECHNISCHE DATEN: Panzerkampfwagen IV Ausf H (Sdkfz 162/1)

ALLGEMEINE DATEN
Art des Fahrzeugs: mittlerer/schwerer Panzer
Indienststellung: Frühjahr 1943
Besatzung: vier Mann
Kampfgewicht: 25 t

ABMESSUNGEN
Länge über alles: 7,02 m
Länge der Wanne: 5,90 m
Breite: 3,33 m
Höhe: 2,68 m

BEWAFFNUNG
Hauptbewaffnung: 7,5-cm-KwK 40 L/48

Nebenbewaffnung: 1x 7,92-mm-MG 34 im Bug

MUNITIONSVORRAT
Hauptbewaffnung: 87 Schuß
Nebenbewaffnung: 3150 Schuß

PANZERUNG
Wanne vorn: 80 mm (im Winkel von 80°)
Wanne seitlich: 30 mm (im Winkel von 90°)
Wanne hinten: 20 mm (im Winkel von 78°)
Turm vorn: 50 mm (im Winkel von 79°)
Turm seitlich: 30 mm (im Winkel von 64°)

Turm hinten: 30 mm (im Winkel von 74°)
Turm oben: 10 mm (im Winkel von 0°)

ANTRIEB
Motor: V12-Motor Maybach HL 120 TRM
Leistung: 300 PS
Tankinhalt: 470 l

FAHRLEISTUNGEN
Höchstgeschwindigkeit Straße: 38 km/h
Höchstgeschwindigkeit Gelände: 16 km/h
Reichweite Straße: 210 km
Reichweite Gelände: 130 km

Konstruktion von Daimler-Benz, dem Flakpanzer IV Kugelblitz. Als speziell zu diesem Zweck gebauter Flakpanzer verfügte der Kugelblitz über eine modifizierte 3-cm-Zwillingskanone von Rheinmetall-Borsig, Typ 103/38. Diese Waffe wurde sonst in Flugzeuge eingebaut und saß hier in einem kugelförmigen, voll gepanzerten Drehturm. Sie benötigte nur 25 Sekunden für eine Drehung um 360 Grad und hatte die außerordentliche Feuergeschwindigkeit von 900 Schuß pro Minute.

Damit war der Kugelblitz eine mächtige Abwehrwaffe gegen Luft- und Bodenziele. Sein größter Nachteil war der magere Munitionsvorrat von nur 1200 Schuß, der seine taktische Wirksamkeit stark einschränkte. Die Alliierten hatten Glück, daß ihre Streitkräfte die Deutschen Eisenwerke an der Ruhr einnehmen konnten, als gerade mal fünf Fahrzeuge fertiggestellt waren.

Wäre der Kugelblitz in größerer Zahl bei der Wehrmacht eingeführt worden, hätte er wohl die deutsche Fliegerabwehr spürbar unterstützt und das Ausmaß der Lufthoheit der Alliierten in Grenzen gehalten. Dann hätten auch die deutschen Bodenoperationen in den Jahren 1944 und 1945 noch bessere Chancen gehabt.

Der PzKpfw IV im Gefecht

Die verschiedenen deutschen Werke bauten insgesamt 10.500 Fahrzeuge auf dem Laufwerk des PzKpfw IV, darunter über 7000 Panzer. Von 1939 bis Mitte 1944 konnte der PzKpfw IV sich im Prinzip gegen jeden Gegner behaupten. Nur an der Ostfront gab es Ende 1941 bis Anfang 1942 Probleme, die jedoch durch stärkere Kanonen und Panzerungen gelöst werden konnten.

Sogar im Jahr 1944 war der PzKpfw IV noch das Rückgrat der deutschen Verteidigung an allen Fronten und normalerweise in einem Bataillon pro Panzerdivision zu finden. Die anderen Bataillone waren mit dem Panther ausgestattet. Die SS-Kampfgruppe Peiper, die Speerspitze der Ardennen-Offensive, verfügte beispielsweise über eine gleiche Anzahl von PzKpfw IV und Panther.

Mitte 1944 wurde allmählich klar, daß der PzKpfw IV inzwischen doch überholt war. Zum einen war die Panze-

UNTEN *Besatzungen der 1. SS-Panzerdivision „Leibstandarte" machen sich im Juli 1942 in Frankreich mit ihren neuen PzKpfw IV vertraut. Diese Division wurde zur Umgliederung und Neuausstattung von der Ostfront abgezogen.*

Deutsche Soldaten versuchen unter Feuer, einen PzKpfw IV zu reparieren, der bei den bitteren Kämpfen um Cassino im April 1944 seine linke Kette verloren hat. Die lange Antenne hinten am Fahrzeug und die Konstruktion des Hecks deuten auf eine Ausführung H hin.

rung in einem ungünstigen Winkel angelegt und den immer stärkeren Bordkanonen und Panzerabwehrkanonen der Alliierten nicht mehr gewachsen. Die Verluste waren entsprechend hoch. Auf der anderen Seite war der PzKpfw IV auch leistungsmäßig nicht mehr in der Lage, mit den neueren deutschen und alliierten Panzern mitzuhalten. Im Vergleich zu Gewicht und Größe des Fahrzeugs war die Höchstgeschwindigkeit eher kläglich. Die gute Ausbildung und die Schießfertigkeit der Besatzungen sowie die realistischen Grundsätze und taktischen Pläne der Wehrmacht sorgten dennoch dafür, daß der PzKpfw IV sich auch im letzten Kriegsjahr oft gegen feindliche Panzer behaupten konnte, wenn diese nicht gerade in Überzahl auftraten. Das Fahrzeug war nicht nur robust und mechanisch zuverlässig und hatte demzufolge nur wenige Ausfälle zu verzeichnen, darüber hinaus bot es auch eine ordentliche Reichweite, besonders in der Ausführung J. Die wahre Stärke dieses Panzers lag in seinem Potential für Modernisierungen und Verbesserungen. So hatte Deutschland einen wirksamen Kampfpanzer zur Verfügung, bis die dritte Generation der mittleren und schweren Panzer wie der Panther und der Tiger eingeführt wurde, die sich mit den neuen sowjetischen Panzern auseinandersetzen konnten. Der PzKpfw IV ist zwar nicht so berühmt wie die bekannteren Panzer, die auf ihn folgten, aber er blieb während des gesamten Zweiten Weltkriegs ein wichtiger Bestandteil der deutschen Panzertruppe.

KAPITEL II

JAGDPANZER IV

In altbewährter Manier baute die Wehrmacht auch vom PzKpfw IV eine Jagdpanzerversion ohne Turm. In der endgültigen Ausführung besaß der Jagdpanzer IV die lange 7,5-cm-Kanone aus dem PzKpfw V Panther. Der Jagdpanzer IV kämpfte 1944 in Italien und in der Normandie, aber auch an der Ostfront.

Im August 1944 befahl Hitler, die Produktion des Panzerkampfwagens IV bis zum Ende des Jahres einzustellen und sich statt dessen auf den Bau des davon abgeleiteten Jagdpanzers IV zu konzentrieren, der ab Januar 1944 vom Band lief. Diese Konstruktion ging auf eine Forderung aus dem Jahr 1942 zurück, einen Jagdpanzer mit einer mindestens 100 Millimeter starken Frontpanzerung zu bauen, der auf dem Laufwerk des Panzerkampfwagen IV basieren sollte. Das Heereswaffenamt bestimmte, daß das Fahrzeug mit der hervorragenden, langen Kanone 7,5 cm L/70 aus dem Panther auszurüsten war. Sie saß in einem Gehäuse mit begrenztem Schwenkbereich in einem niedrigen, gepanzerten Aufbau. Tatsächlich sollten aber drei verschiedene Ver-

LINKS *Die Version Panzer IV/70(V) des Jagdpanzers IV erhielt schließlich die lange 7,5-cm-Kanone L/70 aus dem Panther, die ursprünglich von vornherein eingebaut werden sollte. Die Stütze für das Kanonenrohr ist hier abgeklappt.*

sionen dieses Fahrzeugs erscheinen, von denen letzten Endes nur zwei mit der vorgesehenen Panther-Kanone ausgestattet waren.

Das Heereswaffenamt betrachtete den Jagdpanzer IV als fortgeschrittene Version des Sturmgeschützes StuG III, das er auch ablösen sollte. Heinz Guderian, der Generalinspekteur der Panzertruppe, sprach sich allerdings von Anfang an gegen das Projekt aus. Er war mit dem Entwicklungspotential des StuG III voll und ganz zufrieden und wollte überhaupt nicht einsehen, die Produktionskapazitäten des dringend benötigten Panzerkampfwagens IV für andere Zwecke zu benutzen. Für ihn war der PzKpfw IV das Rückgrat der Panzertruppe. Wegen seines hartnäckigen Widerstands erhielt der Jagdpanzer IV schließlich den Spottnamen „Guderian-Ente". Doch eines hatte General Guderian immerhin erreicht: Dank der vielen, anhaltenden Diskussionen konnte das Projekt schließlich erst mit beträchtlicher Verzögerung begonnen werden.

Entwicklungsgeschichte

Erst im September 1943 bekam Hitler eine Attrappe des Jagdpanzers IV in Originalgröße zu sehen. Es sollte sogar bis zum Ende des Jahres dauern, bevor Vomag begann, die ersten Vorserienfahrzeuge zu bauen. Das Projekt hatte allerdings von Anfang an mit beträchtlichen Produktionsschwierigkeiten zu kämpfen. Am schwierigsten war es, die lange Kanone aus dem Panther in einen neuen gepanzerten, abgeschrägten Aufbau zu integrieren. Gerade in diesem Zeitraum benötigte die Wehrmacht besonders dringend neue Fahrzeuge für die Front. Angesichts der Verzögerungen beim Bau des Jagdpanzers IV mit der langen Kanone 7,5 cm L/70 wurde zunächst das Sturmgeschütz IV (Sdkfz 163) als Übergangslösung entwickelt. Dazu wurde eine weiterentwickelte Version des Aufbaus aus dem Sturmgeschütz III mit seiner 7,5-cm-Kanone L/48 auf das Laufwerk des Panzerkampfwagens IV gesetzt. Zwischen Dezember 1943 und März 1945 bauten die deutschen Hersteller insgesamt 1139 Sturmgeschütze der Serie IV, die zusammen mit dem StuG III bei Sturmgeschütz- und Panzerjägereinheiten zum Einsatz kamen.

Da die Anpassung der 7,5-cm-Kanone L/70 an den Jagdpanzer IV bis Anfang 1944 immer wieder mit unerwarteten und deprimierenden Verzögerungen einherging, entschied das Oberkommando, daß Vomag die Produktion des Jagdpanzers IV zunächst mit der vorhandenen Kanone 7,5-cm-KwK 40 L/48 beginnen sollte. Dieser Jagdpanzer mit der Kanone L/48 wurde ab Januar 1944 bei der Truppe eingeführt und erhielt die einfache Bezeichnung Jagdpanzer IV (Sdkfz 162). Das Fahrzeug verfügte über eine ganz ausgezeichnete Panzerung, die genau im richtigen Winkel angebracht war. Die obere Frontplatte war in einem Winkel von 45 Grad, die untere in einem Winkel von 57 Grad montiert. Die Frontpanzerung des Aufbaus bestand aus 60 Millimeter dicken Platten vorn und 30-mm-Platten an den Seiten. Die Rückseite des Aufbaus bekam außerdem fünf Millimeter dicke Zusatzpanzerplatten, die auf die normale Panzerung geschweißt wurden. Zusätzlich erhielt das Fahrzeug Schürzen gegen Hohlladungsgeschosse. Sämtliche Oberflächen wurden ab Werk mit der Zimmerit-Paste gegen Haftminen ausgerüstet.

Die 75-mm-Kanone L/48 des Jagdpanzers IV befand sich um 200 Millimeter nach rechts versetzt in einer abgeschrägten Frontplatte, die in einem flachen, breiten Aufbau saß. Bei den ersten Fahrzeugen verfügte die Kanone noch über eine Mündungsbremse. Aber weil das Fahrzeug eine extrem niedrige Silhouette hatte – das Rohr lag in horizontaler Stellung nur 1,4 Meter über dem Erdboden –, wirbelte die Mündungsbremse durch den abgelenkten Mündungs-

knall bei jedem Schuß eine Menge Staub auf. Diese dichte Staubwolke nahm der Besatzung die Sicht und verriet außerdem dem Feind die Position des Fahrzeugs. Aus diesem Grund wurde bei späteren Fahrzeugen die Mündungsbremse weggelassen. Der Jagdpanzer IV wog 24,1 Tonnen und verfügte über den Standardmotor aus dem PzKpfw IV, den Maybach HL 120 TRM mit 300 PS. Zwischen Januar und November 1944 wurden insgesamt 769 Jagdpanzer IV (Sdkfz 162) von mehreren Herstellern gebaut. Der monatliche Ausstoß lag bei etwa 70 Stück.

Die späteren Serienmodelle des Jagdpanzers IV erhielten doch noch die ursprünglich vorgesehene und inzwischen überarbeitete Version der 7,5-cm-Kanone L/70 aus dem Panther. Die Wehrmacht bezeichnete diese Version des Jagdpanzers IV mit der stärkeren Kanone als Panzerjäger IV für 7,5-cm-StuK 42 L/70 (Sdkfz 162/1). Häufiger wurde die nicht ganz richtige Bezeichnung Panzer IV/70 oder IV/70(V) benutzt, die eher auf einen Panzer als auf einen Jagdpanzer hinwies. Die ersten Jagdpanzer IV mit der Kanone L/70 wurden im August 1944 in kleiner Zahl im Gefecht eingesetzt. Wegen der längeren Kanone mußte das Fahrzeug einige Modifikationen über sich ergehen lassen, besonders, um die erhöhte Belastung am Bug auszugleichen. Beim Panzer IV/70(V) waren die obere und untere Frontplatte der Wanne sowie die Front- und Seitenplatten des Aufbaus als Verbundpanzerung ausgeführt, um den Schutz zu verbessern. Die obere Frontplatte der Wanne war 80 Millimeter stark und in einem Winkel von 45 Grad angebracht, während die untere Frontplatte 45 Millimeter stark war und um 55 Grad abfiel. Der Kampfraum für die fünfköpfige Besatzung nahm die vorderen drei Viertel des Fahrzeugs ein. Im Heck steckte wieder der Maybach-Motor HL 120 TRM mit 300 PS aus dem PzKpfw IV.

Die modifizierte, lange 7,5-cm-Kanone L/70 des Panzers IV/70(V) hatte die gleichen ballistischen Eigenschaften wie die 7,5-cm-KwK 42 L/70 aus dem Panther. Diese Bordkanone, die hier nicht über eine Mündungsbremse verfügte, war wiederum um 200 Millimeter nach rechts versetzt. Die lange Kanone ragte um 2,58 Meter über den Bug hinaus, so daß das Fahrzeug stark kopflastig war. Um diese Kanone in den flachen Aufbau des Fahrzeugs zu zwängen, mußten die Rücklaufbremse und der Vorholmechanismus über dem Rohr angebracht werden. Genau diese Modifikationen waren es, die die Entwicklung anfangs so verzögert hatten. Das Fahrzeug konnte 55 Schuß der 7,5-cm-Munition mitführen und verfügte zusätzlich für die Selbstverteidigung über das übliche 7,92-mm-MG 34 in einer Kugelblende vorn an der Wanne. Wegen der längeren Kanone und der stärkeren Panzerung stieg das Gewicht auf 25,8 Tonnen. Die verschiedenen Hersteller produzierten zwischen August 1944 und März 1945 insgesamt 930 Panzer IV/70(V) bei einem monatlichen Ausstoß von 103 Fahrzeugen.

Anfang 1945 wurde eine geringe Zahl der letzten Panzer IV/70(V) auf dem modifizierten Hybrid-Laufwerk III/IV gebaut. Dieses Laufwerk hatte drei Stützrollen wie der PzKpfw III und nicht vier wie der PzKpfw IV. Die deutschen Werke mußten diese Behelfslösung bauen, um die Produktion aufrechtzuerhalten, denn das robuste Laufwerk des PzKpfw IV war allmählich knapp geworden. Die modifizierten Fahrzeuge ähnelten ihren Vorgängern in jeder Hinsicht und waren nur durch die geringere Zahl der Stützrollen zu unterscheiden.

Die letzte Ausführung des Jagdpanzers IV war der Panzer IV/70 Zwischenlösung oder IV/70(A). Man entwickelte diesen Lückenbüßer, um Verzögerungen und Engpässe bei der Produktion des Panzer IV/70 zu kompensieren. Dieses Ziel wurde verhältnismäßig schnell und unkompliziert erreicht, indem man einfach die 7,5-cm-StuK 42 L/70 und eine modifizierte Version des Aufbaus aus dem IV/70(V) auf das unveränderte Standardlaufwerk des Panzerkampfwagens IV in der Ausführung J setzte. Dieses Laufwerk wurde damals in großer Zahl hergestellt und war sofort uneingeschränkt verfügbar. Die Umrüstung war in diesem Fall auch nicht besonders aufwendig, so daß die Werke in der Lage waren, recht schnell ein ausgereiftes Fahrzeug zu liefern.

TECHNISCHE DATEN: Jagdpanzer IV (Panzer IV/70V) (Sdkfz 162/1)

ALLGEMEINE DATEN
Art des Fahrzeugs: Jagdpanzer (Selbstfahrgeschütz)
Indienststellung: Sommer 1944
Besatzung: fünf Mann
Kampfgewicht: 25,8 t
Laufwerk: PzKpfw IV

ABMESSUNGEN
Länge über alles: 8,60 m
Länge der Wanne: 6,04 m
Breite: 3,28 m
Höhe: 1,96 m

BEWAFFNUNG
Hauptbewaffnung: 7,5-cm-StuK 42 L/70
Nebenbewaffnung: 1 x 7,92-mm-MG 34 im Bug

MUNITIONSVORRAT
Hauptbewaffnung: 55 Schuß
Nebenbewaffnung: 600 Schuß

PANZERUNG
Wanne vorn (Bug): 80 mm (im Winkel von 50°)
Wanne vorn (Platte für den Fahrer): 80 mm (im Winkel von 45°)
Wanne seitlich: 30 mm (im Winkel von 90°)
Wanne hinten: 20 mm (im Winkel von 60°)
Aufbau vorn: 80 mm (im Winkel von 45°)
Aufbau seitlich: 40 mm (im Winkel von 60°)
Aufbau hinten: 30 mm (im Winkel von 78°)

Aufbau oben: 20 mm (im Winkel von 0°)

ANTRIEB
Motor: V12-Motor Maybach HL 120 TRM
Leistung: 300 PS
Tankinhalt: 470 l

FAHRLEISTUNGEN
Höchstgeschwindigkeit Straße: 45 km/h
Höchstgeschwindigkeit Gelände: 24 km/h
Reichweite Straße: 210 km
Reichweite Gelände: 130 km

Die Verwendung des anderen Laufwerks erforderte allerdings kleine Änderungen am vorhandenen Aufbau des IV/70(V), die bei Alkett durchgeführt wurden. Dank dieser Modifikationen war der Panzer IV/70(A) leicht von seinem Schwestermodell, dem Panzer IV/70(V), zu unterscheiden. Im Gegensatz zu diesem war sein Aufbau hinten nicht abgeschrägt. Statt dessen war er hinten gerade abgeschnitten und durch eine senkrechte Platte geschützt, so daß das Fahrzeug aus größerer Entfernung oft für einen Kampfpanzer gehalten wurde. Mit 28 Tonnen war diese Zwischenlösung um einiges schwerer als das Schwestermodell. Der

Panzerschutz des IV/70(A) entsprach in etwa dem seines Vorgängers. Der Jagdpanzer hatte eine 85 Millimeter dicke Panzerplatte am Bug und vor dem Platz des Fahrers, 30 Millimeter starke Platten hinten und an der Seite. Die Rohrblende wurde sogar mit einer Panzerung von 120 Millimetern Stärke versehen. Die Höchstgeschwindigkeit des Fahrzeugs auf der Straße lag bei 38 km/h, die erzielbare Reichweite bei 322 Kilometern. Die Nibelungenwerke in Österreich produzierten von August 1944 bis März 1945 insgesamt 278 Panzer IV/70(A) bei einem monatlichen Ausstoß von 34 Einheiten.

Die Leistung des Jagdpanzers IV

Mit seiner niedrigen Silhouette, der günstig abgeschrägten Panzerung und der tödlichen Feuerkraft – besonders bei den Fahrzeugen mit der 7,5-cm-StuK 42 L/70 – war der Jagd-

UNTEN *Dieser Jagdpanzer IV besitzt eine 7,5-cm-Pak L/48 in einem langgezogenen, niedrigen Aufbau. Ungewöhnlich an dieser Aufnahme aus dem Jahr 1944 ist der Jagdpanzer Elefant im Hintergrund, eine im Krieg sehr seltene Erscheinung. Beide Fahrzeuge wurden von den Alliierten erbeutet.*

OBEN *Dieses Bild zeigt, daß der Jagdpanzer IV die gleiche Aufhängung und den gleichen Antrieb besitzt wie das Laufwerk des PzKpfw IV, von dem er abstammt. Der Aufbau besteht aus schräg angewinkelten Platten.*

panzer IV hervorragend für seinen Zweck geeignet. Nach Aufnahme der Produktion im Januar 1944 löste er allmählich die Jagdpanzer Marder II und Marder III bei den Panzerjägerbataillonen der Panzerdivisionen ab.

Trotz alledem blieb der Jagdpanzer IV eine relativ seltene Erscheinung. Im krassen Gegensatz zu den ehrgeizigen Vorgaben wurden schließlich nur 1977 Fahrzeuge aller drei Ausführungen gebaut. Deswegen trat der Jagdpanzer IV während des Jahres 1944 auch kaum in Erscheinung. Er war zum Beispiel in sechs der zehn mechanisierten Divisionen im Westen vorhanden, aber nur jeweils in einer einzigen Kompanie der einzelnen Panzerjägerbataillone. So nahmen insgesamt nicht mehr als 60 Jagdpanzer IV am Feldzug in der Normandie teil.

In den letzten sechs Monaten des Krieges tauchten die drei Versionen plötzlich häufiger auf, weil es inzwischen doch noch gelungen war, die Produktion zu erhöhen. Nach einem nicht ganz vollständigen Inventar des deutschen Heeres vom 1. April 1945 waren insgesamt noch 275 Jagdpanzer IV mit der langen 7,5-cm-Kanone (das heißt beide Panzer IV/70) einsatzbereit.

Mit seiner starken Bewaffnung war der Jagdpanzer IV eine hervorragende Abwehrwaffe, besonders im Westen gegen die nicht so gut geschützten englischen und amerikanischen Panzer. Doch sein Potential kam nicht zur Geltung: Wie alle anderen deutschen Panzer wurde auch der Jagdpanzer IV in zu geringen Zahlen produziert, um im Gefecht taktisch wirklich etwas bewirken zu können.

KAPITEL 12

JAGDPANZER 38(t) HETZER

Der Hetzer war eine von Grund auf neue Konstruktion. Er basierte auf den bewährten Baugruppen des PzKpfw 38(t). Trotz des engen Kampfraums und des stark begrenzten Schwenkbereichs der Kanone erwies er sich als brauchbarer Jagdpanzer. Er war so gut, daß er auch nach dem Krieg noch in der Tschechoslowakei und in der Schweiz eingesetzt wurde.

In den Jahren 1942 und 1943 wurde in Deutschland als Reaktion auf die Bedrohung durch die mittleren und schweren sowjetischen Panzer T34 und KV1 eine Reihe improvisierter leichter Jagdpanzer gebaut. Diese Kombinationen aus starken Panzerabwehrkanonen und veralteten Laufwerken bekamen die Bezeichnung Marder. Das deutsche Heer hatte aber bereits erkannt, daß es sich dabei nur um Zwischenlösungen handeln konnte. Die Marder brachten zwar die erforderliche bewegliche Feuerkraft gegen Panzer, aber die Entwicklung reiner Jagdpanzer war unterdessen schon in vollem Gang. Der große Erfolg des Sturmgeschützes III bei der Panzerabwehr wies inzwischen den Weg für die künftige Entwicklung des deutschen Jagdpanzers: Dieses geplante Fahrzeug sollte nach den Planungen

LINKS *Der Hetzer entstand, weil General Heinz Guderian einen leichten Jagdpanzer forderte, um die leichten Selbstfahrlafetten und die gezogenen Geschütze abzulösen. Die Produktion begann im April 1944.*

über eine 7,5-cm-Kanone in einem voll umschlossenen und gut gepanzerten Aufbau verfügen.

Entwicklungsgeschichte

Im Jahr 1943 wählte das Heereswaffenamt das zuverlässige Laufwerk des tschechischen PzKpfw 38(t) als Grundlage für den zu entwickelnden Jagdpanzer, der den Marder bei den Panzerjägerbataillonen der Infanteriedivisionen ablösen sollte. Als Ergebnis erschien der Panzerjäger 38 für 7,5-cm-Pak 39 (L/48), im allgemeinen als Jagdpanzer 38(t) Hetzer bezeichnet. Der Hetzer erwies sich als einer der besten und fortschrittlichsten Jagdpanzer des Zweiten Weltkriegs. Das Fahrzeug wog lediglich 16 Tonnen und erschien erstmals 1943 als Prototyp. Die Serienproduktion lief im Frühjahr 1944 an. Eingeführt wurden die ersten Hetzer im Mai 1944 bei den Panzerjägerbataillonen der Infanterie. Im Jahr 1945 waren sie die häufigsten Jagdpanzer der Wehrmacht. Zunächst baute nur BMM das Fahrzeug, von September

TECHNISCHE DATEN: Jagdpanzer 38(t) Hetzer

ALLGEMEINE DATEN
Art des Fahrzeugs: leichter Jagdpanzer (Geschützwagen)
Indienststellung: Frühjahr 1944
Besatzung: vier Mann
Kampfgewicht: 16 t
Laufwerk: PzKpfw 38(t)

ABMESSUNGEN
Länge über alles: 6,27 m
Länge der Wanne: 4,87 m
Breite: 2,63 m
Höhe: 2,10 m

BEWAFFNUNG
Hauptbewaffnung: 7,5-cm-PaK 39 L/48
Schwenkbereich der Bordkanone: 11° links, 5° rechts

Nebenbewaffnung: 1x 7,92-mm-MG 34 auf dem Dach

MUNITIONSVORRAT
Hauptbewaffnung: 41 Schuß
Nebenbewaffnung: 780 Schuß

PANZERUNG
Wanne vorn (Bug): 60 mm (im Winkel von 40°)
Wanne vorn (Platte für den Fahrer): 60 mm (im Winkel von 30°)
Wanne seitlich: 20 mm (im Winkel von 60°)
Wanne hinten: 8 mm (im Winkel von 70°)
Aufbau vorn: 60 mm (im Winkel von 30°)
Aufbau seitlich: 20 mm (im Winkel von 75°)

Aufbau hinten: 20 mm (im Winkel von 75°)
Aufbau oben: 8 mm (im Winkel von 0°)

ANTRIEB
Motor: Sechszylinder-Reihenmotor Praga EPA TZJ
Leistung: 158 PS
Tankinhalt: 386 l

FAHRLEISTUNGEN
Höchstgeschwindigkeit Straße: 26 km/h
Höchstgeschwindigkeit Gelände: 15 km/h
Reichweite Straße: 161 km
Reichweite Gelände: 80 km

1944 an beteiligte sich auch Skoda an dem Programm. Diese Firmen bauten bis zum Ende des Krieges 2804 Laufwerke für den Hetzer, darunter 2584 komplette Jagdpanzer 38(t). Von diesen 2584 Hetzern gingen 2496 an Kampfeinheiten, darunter 100 Stück an das ungarische Heer.

Der Hetzer verfügte über eine modifizierte Version der 48 Kaliber langen 7,5-cm-Pak 39 L/48 aus dem PzKpfw IV. Diese Kanone besaß eine weiterentwickelte Rohrbremse, so daß keine Mündungsbremse mehr erforderlich war. Sie saß in einer Kanonenhalterung mit begrenztem Schwenkbereich. Diese war vorn in einem steil abfallenden, gepanzerten Aufbau mit niedriger Silhouette eingebaut, der auf dem modifizierten Laufwerk des PzKpfw 38(t) montiert

war. Außerdem verfügte der Hetzer über verstärkte und breitere Ketten, die für den schwereren Panzer erforderlich waren.

Die größere Kanone und die bessere Panzerung waren natürlich nicht ohne Folgen für das Gewicht geblieben. Der Panzerschutz des Hetzers bestand aus einer 60 Millimeter starken Frontplatte, die in einem Winkel von 40 bis 60 Grad angebracht war, einer von nur acht Millimetern auf dem Dach und einer seitlichen Platte von 20 Millimetern, die in einem Winkel von 20 Grad am Aufbau befestigt war. Dazu war die Rohrblende durch eine 30-mm-Panzerung geschützt, und die Serienmodelle verfügten über fünf Millimeter dicke Schürzen an den Seiten, um Hohlladungsgeschosse abzuwehren.

Da der Hetzer ein relativ kleines Fahrzeug war, ragte das Rohr beträchtlich über den Bug hinaus. Die Bordkanone war um 380 Millimeter nach rechts versetzt und wurde durch eine prägnante Saukopfblende geschützt, deren Form die Ablenkung eventueller Treffer in die Wanne möglichst ausschließen sollte. Der Höhenbereich war insgesamt auf 16 Grad beschränkt (zwischen minus sechs und plus zehn Grad), und der seitliche Schwenkbereich war mit ebenfalls 16 Grad (elf Grad nach links und fünf Grad nach rechts) auch nicht gerade üppig. Als Nebenwaffe verfügte der Hetzer über ein fernbedientes 7,92-mm-MG 34 oben auf dem Aufbau, das der Kommandant über ein Periskop und einen verlängerten Abzug aus dem Inneren des Fahrzeugs abfeuern konnte. Diese Waffe hatte einen Schwenkbereich von vollen 360 Grad und diente zur Selbstverteidigung gegen die feindliche Infanterie. Das kurze Fahrzeug hatte nur Platz für 41 Schuß Munition für die Bordkanone und 780 Schuß für das MG.

Das Laufwerk des Jagdpanzers 38(t) bestand aus vier großen Laufrollen auf jeder Seite, die für eine hohe Geschwindigkeit sorgen sollten. Der Standardmotor aus dem 38(t), ein tschechischer Praga-EPA-Reihensechszylinder mit 150 PS, war auch im Hetzer zu finden. Durch das höhere Gewicht des Fahrzeugs verschlechterte sich allerdings das Leistungsgewicht auf 9,4 PS pro Tonne, so daß die Höchstgeschwindigkeit nur noch bei mageren 26 km/h auf der Straße und noch bescheideneren 15 km/h im Gelände lag. Der Hetzer besaß zwei Kraftstoffbehälter mit einem Fassungsvermögen von insgesamt 386 Litern, womit er eine Reichweite von 161 Kilometern auf der Straße und 80 Kilometern im Gelände erzielte.

Der Hetzer im Gefecht

Im Jahr 1944 wurde der Hetzer bei den Panzerjägerkompanien der Infanteriedivisionen eingeführt und ersetzte dort allmählich sowohl die noch vorhandenen Marder als auch die Sturmgeschütze StuG III, die als Zwischenlösung den Platz des fehlenden Jagdpanzers eingenommen hatten. Die Gliederung der deutschen Infanteriedivisionen für das Jahr 1944 sah insgesamt zehn Jagdpanzer Hetzer vor, aber Verzögerungen bei der Produktion und hohe Verluste im Gefecht sorgten dafür, daß dieses Ziel nur selten erreicht wurde. Im Frühjahr 1945 stellte das Heer eine neue Gliederung für die Infanteriedivisionen vor. Die nun vorgesehene Jagdpanzerkompanie sollte theoretisch über 14 Hetzer verfügen, aber auch hier lagen Welten zwischen der Vorgabe und der tatsächlichen Praxis. Tatsächlich hatte überhaupt nur ein Viertel der etwa 100 deutschen Infanteriedivisionen, die 1945 noch existierten, überhaupt den Jagdpanzer Hetzer,

und wenn, dann in wesentlich geringerer Zahl als geplant. Keine der in Norwegen oder in Kurland abgeschnittenen Infanteriedivisionen bekam jemals einen Hetzer zu sehen. Daher konnte der Jagdpanzer 38(t) das Sturmgeschütz StuG III und die verschiedenen Marder bei der Infanterie niemals völlig ablösen. Viele dieser Fahrzeuge kämpften bis zum Ende des Krieges Seite an Seite mit dem Hetzer.

Der Jagdpanzer 38(t) ging aber nicht nur an die Infanterie, sondern er kam auch bei anderen Truppengattungen zum Einsatz. Der Hetzer war bei den Panzerjägerbataillonen von vier Panzerdivisionen (2. und 10. SS-Division und 8. und 16. Division) sowie bei denen von drei Panzergrenadierdivisionen (18., 25. und Kurmark) zu finden. Daneben diente er in fünf Sturmgeschützbrigaden und sieben selbständigen Jagdpanzerbataillonen. Schließlich verfügten auch zwei selbständige Kompanien, die dem V. SS-Gebirgskorps unterstellt waren, sowie das Begleitbataillon des „Reichsführers SS", Heinrich Himmler, über den Jagdpanzer Hetzer. Das letzte, nicht ganz vollständige Inventar des deutschen Heeres vom 1. April 1945 zeigt, daß noch insgesamt 627 Hetzer im Dienst standen. Dieser war damit nach dem Sturmgeschütz III das zweithäufigste gepanzerte Fahrzeug der Wehrmacht. Während der letzten Kriegsmonate lieferte Deutschland den Jagdpanzer Hetzer auch an das ungarische Heer in einem verzweifelten Versuch, dessen Moral und Kampfkraft aufrechtzuerhalten. Es wurde mindestens ein ungarisches Hetzer-Bataillon aufgestellt und in der Endphase des Krieges im südlichen Bereich der Ostfront in Ungarn eingesetzt. Da die Skoda- und BMM-Werke im deutschen Protektorat Böhmen-Mähren lagen, konnte der Hetzer länger als die meisten anderen gepanzerten Kampffahrzeuge gebaut werden. So wurden sogar im letzten Monat des Krieges nicht weniger als 121 Fahrzeuge gebaut und an die Kampftruppen ausgegeben.

Die grundlegende Konstruktion war so brauchbar, daß Skoda nach dem Mai 1945 das Fahrzeug für das tschechische Heer weiterbaute. Von 1946 bis 1952 verkaufte die Firma außerdem 158 Fahrzeuge an das Schweizer Bundesheer, wo sie bis 1970 im Dienst blieben. Erbeutete Jagdpanzer Hetzer waren in den 50er Jahren auch bei der Roten Armee und in den Satellitenstaaten des Warschauer Pakts zu finden.

Der Hetzer war ein wirtschaftlicher und wirksamer leichter Jagdpanzer, der die deutsche Infanterie als bewegliche Panzerabwehrwaffe unterstützte. Dank seiner idealen Kombination aus geringem Kraftstoffverbrauch, bescheidener Größe und niedriger Silhouette (das Fahrzeug war nur 2,1 Meter hoch) erwies sich der Jagdpanzer 38(t) als wertvolle Unterstützungswaffe für die Infanterie. Das gilt beson-

OBEN *Der Hetzer erfüllte die Forderung nach einem leichten Jagd-panzer mit ausreichendem Panzerschutz auch auf dem Dach und einer niedrigen Silhouette. Alle Platten waren stark abgeschrägt, und normaler-weise saß auf dem Dach ein fernbedientes MG.*

ders für die Verteidigungskämpfe, die die Wehrmacht in den letzten 18 Monaten des Krieges zu führen hatte. Doch ob-wohl der Hetzer im Prinzip gut gelungen war, hatte er doch eine Reihe schwerer Nachteile, so daß er bei den Besatzun-gen nicht besonders beliebt war. Die gravierendste Ein-schränkung war der Schwenkbereich der Bordkanone, der sowohl seitlich als auch in der Erhöhung nur 16 Grad betrug und damit wesentlich schlechter war als bei jedem anderen deutschen Jagdpanzer. Um diesen Nachteil im Ge-fecht auszugleichen, mußte das gesamte Fahrzeug ge-schwenkt werden, damit es ein querfahrendes Ziel erfassen konnte. Dabei wurden aber die empfindlichen Seitenteile der Waffenwirkung des Gegners ausgesetzt. Auch die Anord-nung der Besatzung war nicht gut durchdacht. Richt- und Ladeschütze saßen beide links von der Kanone, und das bei einer Waffe, die mit der rechten Hand zu bedienen war. Der

Ladeschütze hatte erhebliche Schwierigkeiten, den Muniti-onsvorrat hinten rechts im Fahrzeug zu erreichen, was zu Lasten der Feuergeschwindigkeit ging. Der Kommandant saß etwas weiter entfernt hinten rechts im Fahrzeug. Er hatte nur unzureichende Kommunikations- und Beobach-tungsmittel und dadurch immense Schwierigkeiten, sich bei der Zielerfassung und -vernichtung mit dem Schützen und dem Fahrer abzusprechen.

Im Gesamturteil muß man daher sagen, daß der Hetzer zwar auf einem kleinen Laufwerk große Leistungen bot (eine starke Kanone und einen ordentlichen Panzerschutz), aber auch unter den Nachteilen litt, die ein solcher Kom-promiß zwangsläufig mit sich bringt: besonders die geringe Höchstgeschwindigkeit und die schlechte Geländegängig-keit. Trotzdem stellte der Hetzer gegenüber den diversen Mardern schon eine Verbesserung dar. Seine gute Panze-rung, die geringe Größe und die niedrige Silhouette mach-ten manchen anderen Mangel wett. Als leichtes, preisgünstig zu bauendes und sparsames Fahrzeug war der Hetzer genau richtig für die Verteidigungskämpfe, die in den letzten Kriegsmonaten die Hauptaufgabe der Wehrmacht waren.

Eine weitere ungewöhnliche Variante war das Bergefahrzeug 38(t) Hetzer oder Bergepanzer 38(t), wie es häufiger genannt wurde. In Deutschland wurden insgesamt 170 dieser Fahrzeuge gebaut, darunter 64 Fahrzeuge auf der Grundlage beschädigter Jagdpanzer.

Der Bergepanzer 38(t) verfügte nicht über den Aufbau des Jagdpanzers und besaß statt dessen einen niedrigen Kasten aus Holz, der der Besatzung einen recht dürftigen Schutz bot. Anstelle der Bordkanone war eine Winde installiert. Das Fahrzeug wog 14,5 Tonnen. Der Bergepanzer 38(t) sollte aber kein Erfolg werden, denn sein Motor war viel zu schwach, um die schweren Panzer und Jagdpanzer abzuschleppen, die im Jahr 1945 bei der deutschen Panzertruppe in der Mehrheit waren.

Schließlich wurden auch noch 30 Fahrzeuge unter der Bezeichnung Bison gebaut, ein schweres 15-cm-Infanteriegeschütz 33 auf der Grundlage des 38(t). Dieses Fahrzeug ähnelte im Prinzip den 15-cm-Infanteriegeschützen Bison auf der Basis des PzKpfw 38(t), verfügte aber über das modifizierte Laufwerk des Jagdpanzer 38(t) Hetzer. Von diesen 30 Fahrzeugen wurden sechs auf der Grundlage beschädigter Jagdpanzer Hetzer aufgebaut. Der Bison wog 16,5 Tonnen und wurde bei den schweren Infanteriegeschützkompanien ausgewählter Panzergrenadierregimenter eingesetzt.

Spezielle Versionen

Auf der Grundlage des Hetzers wurde eine kleine Zahl von drei unterschiedlichen Spezialfahrzeugen gebaut. Die deutschen Firmen produzierten insgesamt 20 fahrbare Flammenwerfer unter der Bezeichnung Flammpanzer 38(t), die bei der 352. und 353. Flammpanzerkompanie zum Einsatz kamen. Hitler bestand darauf, diese Fahrzeuge zuerst bei der Ardennen-Offensive im Westen einzusetzen, aber sie konnten nicht so schnell geliefert werden. So gaben sie ihren Einstand bei der Operation Nordwind, der deutschen Offensive im Elsaß im Januar 1945.

Der Flammpanzer 38(t) verfügte anstelle der Bordkanone über einen Flammenwerfer. Er wurde von einer Rohrattrappe verdeckt, um über die wahre Funktion hinwegzutäuschen. Das Fahrzeug führte 700 Liter Brennstoff für den Flammenwerfer mit. Die Reichweite des Flammenwerfers lag bei 60 Metern. Diese speziellen Fahrzeuge erwiesen sich aber nicht gerade als Erfolg, denn die 352. Kompanie verlor alle zehn Panzer im ersten Gefecht. Alle noch verbliebenen zehn Flammpanzer 38(t) wurden in der Folge zwischen Januar und März 1945 zerstört.

KAPITEL 13

PANZER V PANTHER

Der Panther war wohl der beste Panzer im Zweiten Weltkrieg. Er verband die mächtige 7,5-cm-Kanone mit einer hervorragend gestalteten Panzerung und hoher Beweglichkeit auf dem Gefechtsfeld. Die Wehrmacht stützte sich immer mehr auf den PzKpfw V. Im letzten Kriegsjahr bildete er das Rückgrat der dezimierten deutschen Panzertruppe.

Zur Zeit der Operation Barbarossa war der sowjetische T34 mit seiner Kombination aus Beweglichkeit, Feuerkraft und Panzerschutz jedem damaligen deutschen Panzer überlegen. Der T34 konnte diese Überlegenheit am 4. Oktober 1941 deutlich unter Beweis stellen, als er die 4. Panzerdivision bei Mtensk in der Nähe von Orel übel zurichtete. General Guderian, der Schöpfer der deutschen Panzertruppen, kommandierte die zweite Panzerarmee, zu der auch die 4. Panzerdivision gehörte. Er verlangte sofort eine Untersuchung über die Art der gepanzerten Kriegsführung an der Ostfront. In ihrem ersten Bericht vom 25. November 1941 stellte die Untersuchungskommission fest, daß der T34 seine Überlegenheit hauptsächlich aus drei

LINKS Ein frühes Serienmodell des PzKpfw V Ausf D bahnt sich bei einem deutschen Gegenangriff gegen die Rote Armee im Herbst 1943 seinen Weg durch den Wald. Diese Version unterscheidet sich vom Vorgängermodell dadurch, daß es kein MG in der Frontplatte besitzt.

Faktoren bezog, die den deutschen Panzern fehlten: einer günstig angewinkelten Rundumpanzerung zur Abwehr von Treffern, großen Laufrollen und breiten Ketten für hohe Geschwindigkeit, Beweglichkeit und Stabilität und einer langen, weit über den Panzer ragenden Bordkanone mit hoher Mündungsgeschwindigkeit und somit auch hoher Durchschlagskraft.

Vor diesen ersten Begegnungen mit dem T34 hatte man das Projekt eines schweren Panzers mit viel Gleichgültigkeit betrieben. Nach 1935 gab es erste Versuche in dieser Richtung, aber das erste Fahrzeug dieser Art, der VK3001 (DB), wurde erst 1938 fertig. Im gleichen Jahr baute Henschel auch den Prototyp für einen schweren 30-Tonnen-Durchbruchspanzer, bezeichnet als Durchwagen 1 (DW1). Bei dieser Konstruktion wurde das Standardlaufwerk der deutschen Panzer mit kleinen Laufrollen und Stützrollen aufgegeben. Statt dessen kamen große, versetzt angeordnete Laufrollen zum Einsatz, was sowohl der Lebensdauer als

auch der Geschwindigkeit zugute kam. Das Potential des DW1 brachte Henschel dazu, einen größeren 35-Tonnen-Prototypen, den DW2, zu entwickeln. Dieser Panzer erhielt einen 300-PS-Vergasermotor von Maybach und die kurze 7,5-cm-Kanone L/24 aus dem PzKpfw IV. Insgesamt stellte Henschel im Jahr 1940 acht Prototypen dieser Art fertig.

Einige Merkmale aller drei Fahrzeuge, also des VK3001, des DW1 und DW2, fanden sich in dem offiziellen Auftrag des Heereswaffenamts vom Januar 1942 wieder, der an die Firmen MAN und Daimler-Benz ging. Gefordert war der Bau eines 30-Tonnen-Prototypen mit der Bezeichnung VK3002. Bei den technischen Vorgaben wurden auch die Forderungen der Panzerkommission vom 25. November 1941 berücksichtigt, das Fahrzeug wie den T34 mit einer abgeschrägten Rundumpanzerung, großen Laufrollen und einer überhängenden Kanone auszurüsten. Der Prototyp VK3002 (Daimler-Benz) sah dann auch dem T34 recht ähnlich. Die Panther-Kommission, wie der Untersuchungsausschuß inzwischen hieß, entschied sich allerdings für den konventioneller konstruierten Prototyp VK3002 (MAN). Angetrieben von einem 650 PS starken Maybach-Motor vom Typ HL 210 verfügte das Fahrzeug über eine abgeschrägte Panzerung und versetzte Laufrollen mit Drehstabfederung. Die Konstruktion sah einen weit zurückverlegten Turm vor, um den Einbau einer längeren 7,5-cm-Kanone (70 Kaliber) zu

OBEN *Ein Panther Ausf A von hinten gesehen. Auffällig sind die Schürzen an den Seiten, der doppelte Auspuff hinten und die weit hinten im Turm positionierte Kommandantenkuppel.*

ermöglichen. Während der Entwicklung erhielt der Prototyp VK3002 (MAN) nach dem Vorbild des Untersuchungsausschusses den inoffiziellen Beinamen Panther, den er auch später beibehielt. Im Mai 1942 wählte das Heereswaffenamt den MAN-Prototyp für die Serienproduktion aus, und im Lauf des Sommers wurde viel Energie in den Aufbau der Fertigungsanlagen investiert. Wegen der hastigen Entwicklung und des schnellen Produktionsbeginns kam das fertige Vorserienfahrzeug aber auf ein Gewicht von 43 Tonnen, weit über den angestrebten 35 Tonnen. Dieses Übergewicht sollte für zahlreiche mechanische Probleme sorgen, besonders beim Getriebe und der Kraftübertragung, die niemals zufriedenstellend gelöst wurden.

Um mit den Problemen fertig zu werden, die sich bei der Erprobung der Vorserienmodelle ergaben, wurde in das erste Serienmodell der stärkere Maybach-Motor HL 230 mit 700 PS eingebaut, zusätzlich kam das haltbarere Getriebe AK7-200 zum Einsatz. Dieses Modell erhielt die Bezeichnung PzKpfw V Panther Ausf D (Sdkfz 171). Die vorgenommenen Verbesserungen konnten aber nur einen Teil der Probleme der frühen Modelle lösen. Im November 1942 ging die Ausführung D bei MAN in die Serienproduktion. Wie hoch das Oberkommando diesen Panzer einschätzte, zeigt sich daran, daß für die erste Phase ein monatlicher Ausstoß von 250 Exemplaren angepeilt wurde, ungewöhnlich viel für ein neues Modell. Selbst dieses ehrgeizige Ziel wirkt aber bescheiden neben der Vorgabe, bis zum Frühjahr 1944 einen monatlichen Ausstoß von 600 Stück zu erreichen. Diese Ziele gingen weit über die Kapazität von MAN hinaus, und so stiegen im Frühjahr 1943 auch Daimler-Benz, MNH und Henschel in die Produktion des Panthers ein.

Der Panther wurde in der Ausführung D von einer fünfköpfigen Besatzung bedient. Die Panzerung war am Bug zwischen 80 und 110 Millimeter und an den Seiten sowie am Dach 40 bis 45 Millimeter stark. Von Februar 1944 an rüstete die Wehrmacht die meisten der noch vorhandenen Panther mit geschweißten, fünf Millimeter dicken Schürzen an der Seite aus, die die Oberseite der Ketten schützen sollten. Der Turm war hydraulisch angetrieben, und der Motor saß hinter dem Kampfraum. Im Juli 1943 befahl Hitler, die Produktion der mit Problemen behafteten Ausf D einzustellen. Aufgrund von Produktionsverzögerungen wurden bei Henschel bis September 1943 nur noch die bereits begonnenen Fahrzeuge fertiggestellt. Insgesamt bauten alle Werke zusammen

etwa 600 Exemplare der Ausführung D, weit weniger als die ursprüngliche Vorgabe.

Der PzKpfw V Panther Ausf D zeigte bei den Truppenversuchen schnell die üblichen Kinderkrankheiten, die sich bei einer überhasteten Entwicklung ergaben. Die ersten Erfahrungen wiesen auf ernsthafte mechanische Probleme hin, die sich nur durch ausgiebige Erprobungen und weitreichende Modifikationen beheben ließen. Das Gewicht des Fahrzeugs wirkte sich nachteilig auf das Laufwerk aus, und dem stärkeren 700-PS-Motor war die Kraftübertragung nicht gewachsen. Trotz dieser Mängel schickte die Wehrmacht zwei Panzerbataillone mit dem Panther in die Operation Zitadelle, die deutsche Offensive, die am 5. Juli 1943 begann. Dabei sollten die Kräfte der Roten Armee im Kursk-Bogen eingeschlossen werden, um die strategische Initiative an der Ostfront zurückzugewinnen. Hitler verschob die ursprünglich für Mai geplante Offensive, um eine weitere Monatsproduktion der neuen Panther und Tiger sowie den neuen Jagdpanzer Elefant einsetzen zu können.

UNTEN *Ein Panther Ausf D aus dem Jahr 1943. Das Fahrzeug verfügt über besonders breite Ketten und Nebelwerfer seitlich vorn am Turm. Bei diesem Panzer fehlt das MG im Bug.*

Etwa 250 Panther der Ausführung D nahmen an der Operation Zitadelle teil. Sie wurden vom 51. und 52. Panzerbataillon eingesetzt, die zu einer improvisierten Panther-Brigade zusammengefaßt wurden. Das Debüt der Ausführung D stand von vornherein unter einem schlechten Stern: Viele Panzer hatten ständig mit mechanischen Problemen zu kämpfen und erwiesen sich als sehr unzuverlässig. Aufgrund unzureichender Lüftung und Kühlung kam es häufig zu Motorbränden. Der Grund lag in der wasserdichten Ausführung des Motorraums für amphibische Wateinsätze. Wegen der ständigen Ausfälle von Motoren, Getrieben und Laufwerken konnte der Panther die hochgesteckten Erwartungen nie erfüllen. Dazu kam noch, daß die sowjetischen Minenfelder nicht gründlich geräumt wurden, was ebenfalls zu zahlreichen Ausfällen führte. Diese Kombination aus mechanischen und taktischen Problemen sorgte dafür, daß das 51. Panzerbataillon bereits am ersten Tag der Operation die katastrophale Verlustquote von 56 Prozent erlitt. Nach dem zweiten Tag der Offensive war nur noch ein Fünftel aller Panther einsatzbereit.

Nach dieser Offensive stellte das Panzertruppenkommando fest, daß der Panther in der aktuellen Ausführung D nicht fronttauglich war. In der Folge wurden deshalb zahlreiche Modifikationen vorgenommen. Dazu zählte eine neue, gegossene Kuppel, die den Schutz und das Sichtfeld des Kommandanten verbesserte. Die Lehren von Kursk zwangen das Heer auch dazu, im Spätsommer 1944 einen verbesserten Panther der Ausführung A aufzulegen. Dieses Fahrzeug unterschied sich von seinen Vorgängern durch ein Bug-MG mit Kugelblende, das sich durch einen größeren Feuerbereich auszeichnete. Außerdem erhielt die Ausführung A stärkere Laufrollen, um der Überforderung des Laufwerks entgegenzuwirken. Im Herbst gab es eine Reihe kleiner Verbesserungen an der Kraftübertragung und am Getriebe, die allmählich die mechanischen Probleme der ersten Serie beseitigten. Gleichzeitig wurden zusätzliche Kühlwasserleitungen eingebaut und die wasserdichte Versiegelung aufgegeben, die bei Kursk so viele Fahrzeuge lahmgelegt hatte. Von September 1943 an wurden schließlich alle neuen Panther an der Wanne und am Turm mit der Zimmerit-Paste gegen Haftminen mit Hohlladungen behandelt. Im September 1944 wurde diese Beschichtung als unnötiger Luxus wieder aufgegeben, denn die Gegner setzten solche Haftminen kaum ein. Insgesamt bauten die deutschen Werke in den Jahren 1943 und 1944 exakt 1768 Panzerkampfwagen V Panther Ausf A.

Im Februar 1944 erschien eine weiter verbesserte Version, die Ausführung G. Bei dieser Ausführung wurden zahlreiche Konstruktionsmerkmale vorweggenommen, die

ursprünglich für den Panther II vorgesehen waren. Diese neue Generation mittlerer Panzer sollte später den Panther ablösen. Verzögerungen bei der Entwicklung des Panther II zwangen die Wehrmacht aber dazu, das Projekt aufzugeben und die wichtigsten Merkmale in die Ausführung G einfließen zu lassen. So wurde unter anderem die Wanne völlig umkonstruiert. Die unteren Seitenteile erhielten eine abgeschrägte Panzerung anstelle der senkrechten Platten, an den oberen Seitenteilen wurden die Platten von 40 auf 50 Millimeter verstärkt und zudem auch steiler angeordnet. Diese Änderungen sorgten für einen besseren Schutz gegen Treffer, vereinfachten die Herstellung und vergrößerten noch den Innenraum. So konnte der Vorrat an Munition für die Bordkanone von 79 auf 82 Schuß aufgestockt werden.

Zu den Herstellerfirmen gesellte sich noch Demag, und diese Firmengruppe nahm im Frühjahr 1944 die Serienpro-

OBEN *In dieser Ansicht des Panther Ausf D in Feldgrau kommt die Frontplatte besonders gut zur Geltung. An den Seiten der Wanne sind Werkzeuge, Seile und Kettenglieder befestigt.*

duktion der Ausführung G auf. Diese Version blieb bis zum Ende des Krieges in der Produktion. Die deutschen Firmen bauten im Jahr 1944 insgesamt 3740 Panther der Ausführung G, und im August erreichte der monatliche Ausstoß mit 155 Einheiten seinen Höhepunkt. Danach machten sich die Materialknappheit und die Auswirkungen der alliierten Luftangriffe auf die deutsche Industrie bemerkbar, so daß bis zum Frühjahr 1945 die Produktion auf 25 Stück pro Monat absackte. Bis dahin war zwar die Entwicklung des Panther II schon weit gediehen, aber die militärische Lage ließ die Aufnahme der Serienproduktion nicht mehr zu. Deswegen wurden lediglich die zusätzlichen Merkmale des Panther II wie Ganzstahl-Laufrollen in die zuletzt produzierten Panther der Ausführung G eingebaut.

Spezielle Versionen

Die deutschen Firmen bauten eine kleine Zahl von Sonderanfertigungen auf der Basis des Panther. Der Befehlspanther oder Panzer-Befehlswagen Panther Ausf D (Sdkfz 167) besaß einen kleineren Stauraum für Munition, behielt aber im Gegensatz zu den früheren Befehlswagen seine Bordkanone und damit die volle Kampffähigkeit. Das Fahrzeug verfügte im Turm über das Standard-Funkgerät Fu 5 mit einer zwei Meter langen Stabantenne und einer Reichweite von acht Kilometern. Dazu war in der Wanne ein Funkgerät Fu 8 eingebaut, das über eine Sternantenne verfügte und damit eine Reichweite von bis zu 65 Kilometern erzielte. Die Herstellerwerke bauten etwa jeden zehnten Panther als Befehlswagen. Ab Juli 1944 erhielten alle neuen Panther einen Träger für die zusätzliche Befestigung weiterer Funkgeräte und Antennen sowie einen Umrüstsatz, der im Feld den Umbau eines Standard-Panthers zum Befehlswagen ermöglichte. Mit dieser Modifikation konnte man relativ schnell einen Ausgleich für den Verlust zahlreicher Befehlswagen schaffen.

Der Panther-Befehlswagen (Sdkfz 168) war ein hochspezialisiertes Fahrzeug und wurde von den Verbindungsoffizieren der Luftwaffe benutzt. Äußerlich ähnelte er dem normalen Befehlswagen, besaß aber ein Fu 7 anstelle des Fu 8. Da Deutschland inzwischen in die Defensive gedrängt und die Luftwaffe nur noch eingeschränkt einsatzbereit war, ist fraglich, ob die wenigen gebauten Sdkfz 168 tatsächlich in der vorgesehenen Rolle eingesetzt wurden. Wahrscheinlicher ist, daß sie von der Panzertruppe als normale Befehlswagen genutzt wurden. Der Panther-Befehlswagen war recht erfolgreich, und die starke Ähnlichkeit mit dem normalen Panther sorgte dafür, daß er vom Gegner nicht so schnell erkannt werden konnte. Lediglich die auffällige Sternantenne verriet ihn. Die Möglichkeit, den Panther im Feld umzurüsten, bedeutete auch, daß von nun an stets genügend Befehlswagen zur Verfügung standen, um alle taktischen Forderungen zu erfüllen.

Panzerbeobachtungs-Panther

Bei den Herstellern wurden auch 41 Panzerbeobachtungs-Panther gebaut, ein gepanzertes Artillerie-Beobachtungsfahrzeug auf der Basis des Panther. Das deutsche Heer wies diese Fahrzeuge dem einzelnen Bataillon in jedem Panzerartillerieregiment der Panzerdivisionen zu, das mit den Haubitzen Hummel und Wespe ausgerüstet war. Bis dahin hatten die Artilleriebeobachter der Wehrmacht auf gebrauchte Halbkettenfahrzeuge oder Spezialfahrzeuge auf der Grundlage gebrauchter deutscher oder erbeuteter Laufwerke zurückgreifen müssen. Diese Fahrzeuge verfügten über eine Kanonenattrappe anstelle der Bordkanone sowie über ein Periskop auf dem Dach und eine lange Funkantenne. Der Panzerbeobachtungs-Panther, dessen erster Prototyp im Sommer 1943 erschien, basierte auf der Ausführung D und besaß ein moderneres Beobachtungsgerät als die früheren Fahrzeuge. Zum einen wurde sogar die Bordkanone beibehalten (ein unschätzbarer Vorteil im Gefecht), auf der anderen

UNTEN *Der Panzer 435 von hinten. In dieser Ansicht ist das schräge Heck gut zu erkennen. Die beiden Auspuffrohre sind mittig angeordnet. Rechts und links davon befinden sich Staukästen (beim Panther gab es zwei verschiedene Auspuffanlagen und Staukästen).*

Seite verfügte der Panzerbeobachtungs-Panther über ein Raumbild-Entfernungsmeßgerät im Turm, und der Kommandant hatte nun zwei Periskope. Diese Verbesserungen sorgten für eine präzisere Artilleriebeobachtung. So war diese Ausführung des Panther sicherlich das beste deutsche Beobachtungsfahrzeug im Krieg.

Nachtkampfpanther Sperber

Einige wenige Panther wurden mit speziellen Infrarotvisieren für den Nachtkampf ausgerüstet. Mit diesen Geräten hatte sich das Heer schon zu Anfang des Krieges kurzfristig befaßt. Die Entwicklung wurde aber nicht weiterverfolgt und erst wiederaufgenommen, nachdem die Alliierten im Jahr 1943 die Luftüberlegenheit erlangt hatten. Nun wurde das Projekt mit viel Energie vorangetrieben. In diesem Jahr rüstete die Wehrmacht ein paar Panther mit einem 300-mm-Infrarot-Scheinwerfer Uhu und einem Biwa (Bildwandler) aus, der das Infrarotbild in eine sichtbare Abbildung umsetzen konnte. Bei den ersten Versuchen an der Panzertruppenschule in Fallingbostel übten die Panther-Besatzungen, nachts zu fahren und Ziele zu erfassen. Allerdings hatte der Suchscheinwerfer eine Reichweite von lediglich 600 Metern, so daß die Möglichkeiten der hervorragenden Bordkanone nicht voll ausgeschöpft werden konnten. Daher montierten die Entwickler im Jahr 1944 größere 600-mm-Scheinwerfer

OBEN Der Panther auf einem Dorfplatz einmal von vorn und einmal von hinten gesehen. Der Totenkopf vorn links an der Wanne steht für die 3. SS-Panzerdivision „Totenkopf". Beim Fahrzeug im Vordergrund ist die Klappe vor dem Visier des Fahrers geschlossen.

auf ein Halbkettenfahrzeug, das neben dem Panther eingesetzt wurde und für eine bessere Ausleuchtung sorgte. Schließlich plante die Wehrmacht sogar, neben diesen Fahrzeugen ein Halbkettenfahrzeug vom Typ Falke einzusetzen. Es sollte als Transporter für einen Panzergrenadiertrupp mit Sturmgewehren dienen, der Nachtsichtgeräte Vampir erhalten sollte. Das Heer bezeichnete diese Kampfgruppe aus drei Fahrzeugen als Sperber und wollte damit Ziele bis zu einer Entfernung von 2500 Metern bekämpfen.

Im Sommer 1944 wurden die Panther der 3. Kompanie, 24. Panzerregiment, 116. Panzerdivision, auf dem Truppenübungsplatz Bergen mit Uhu-Geräten ausgerüstet. Dort übten die Besatzungen den Nachtkampf nach Sperber-Art. Hitler plante, die Kompanie bei der Ardennen-Offensive einzusetzen, und es wurden tatsächlich einige Trupps an die Westfront verlegt. Zum Einsatz kamen sie allerdings nicht. Eine Sperber-Gruppe mit ihren Panthern wurde Anfang 1945 mit der 6. SS-Panzerarmee nach Stuhlwissenberg in Ungarn verlegt, wo sie die Gegenoffensive zur Rettung des belagerten Budapest unterstützen sollte. Der Rest der Kompanie folgte

allerdings ohne Infrarotgeräte. Im Jahr 1945 wollte die Wehrmacht fünf Sperber-Kompanien aufstellen, aber dieses Ziel sollte sich als illusorisch erweisen. Zwei Sperber-Trupps schlossen sich mit ihren Panthern der spontan aufgestellten Panzerdivision Clausewitz an, die im Frühjahr 1945 an der Westfront zusammengewürfelt wurde. Am 21. April überrannten diese beiden Panzertrupps einen amerikanischen Hinterhalt am Weser-Elbe-Kanal und sorgten so für den einzigen dokumentierten Einsatz des Nachtkampfpanthers Sperber.

Im März 1945 hatte die Panzerdivision Müncheberg eine Kompanie mit zehn Nachtkampfpanthern Sperber und eine mechanisierte Infanteriekompanie auf Halbkettenfahrzeugen mit Nachtsichtgeräten erhalten. Die Division nahm an den letzten Kämpfen um Berlin teil. Ob die Sperber auch eingesetzt wurden, ist nicht bekannt.

Die Panzertruppenschule in Fallingbostel entwickelte unter dem Namen Lösung B eine noch ausgefeiltere Einsatzmöglichkeit für das Uhu-Gerät. Das System Sperber hatte nämlich den Nachteil, daß nur der Kommandant die Nachtsichtfähigkeit hatte und den Schützen und den Fahrer einweisen mußte.

In den letzten Kriegsjahren wurden in Fallingbostel einige alte Panther der Ausführungen A und D mit einem zusätz-

lichen Infrarot-Suchscheinwerfer und Bildwandler für den Fahrer ausgerüstet und ein Periskop des Richtschützen mit einem Nachtsichtgerät ausgestattet. So konnten drei Besatzungsmitglieder nachts sehen. Im April 1945 kamen mehrere Panther mit der Lösung B zur Panzerdivision Clausewitz. Mitte April kamen diese Fahrzeuge bei Uelzen zu ihrem einzigen dokumentierten Einsatz, als sie einen Zug der neuen britischen Comet-Panzer zerstörten.

Die Arbeiten an einem Nachfolger für den Panther unter der Bezeichnung Panther II (oder Panther Ausf F) wurden im Frühjahr 1943 begonnen. Das Heereswaffenamt hatte als Vorgabe verlangt, daß dieses Fahrzeug über möglichst viele Teile verfügen sollte, die mit dem Nachfolger des Tigers, dem Königstiger, ausgetauscht werden konnten. Die wichtigste geplante Änderung war ein völlig neu konstruierter, kleiner gepanzerter Turm, der den Panzerschutz verbesserte, und der in wesentlich kürzerer Zeit und mit weniger Material gebaut werden konnte. Dieser Turm konnte entweder die

Standard-7,5-cm-Kanone KwK 42 L/70 aus dem Panther oder aber die für den Königstiger II vorgesehene 8,8-cm-Kanone KwK 43 L/71 aufnehmen. Die aussichtslose militärische Lage erlaubte allerdings keine Serienfertigung mehr, und so wurden nur ein paar Prototypen gebaut.

Bergepanther

Das Gewicht und vor allen Dingen die mechanische Unzuverlässigkeit des Panther verlangten nach einem schweren Vollketten-Bergungsfahrzeug, da für die Bergung eines liegengebliebenen Panther vier 18-Tonnen-Artilleriezugmaschinen benötigt wurden. Die Wehrmacht war bei Kursk nicht in der Lage gewesen, den Großteil der liegengebliebenen Panther zu bergen. Die Kommandanten mußten oft andere Panther einsetzen, um festgefahrene Fahrzeuge zu befreien. Das war eine so große Belastung für die ohnehin schon überforderte Kraftübertragung, daß oft der schleppende Panther auch noch den Dienst quittierte. Deshalb verbot das Heer dieses Verfahren und bestrafte die Kommandanten, die ihre Panther derart mißbrauchten. Die Panzereinheiten benutzten aus diesem Grund oft ausgesonderte Panzer als improvisierte Bergefahrzeuge. Sie wurden in den Felddepots ihrer Türme beraubt und mit Winden und anderem Abschleppgerät ausgestattet. Es handelte sich in der Regel aber um unbefriedigende Notlösungen. Die einzig richtige Lösung war der Bau eines speziellen Bergepanzers.

Dafür kam natürlich das Laufwerk des Panther in Frage. Allerdings wurden alle verfügbaren Panther als Kampfpanzer benötigt, so daß die Entwicklung des Bergepanthers zunächst nicht möglich war. Trotzdem gelang es MAN, im Juni 1943 zwölf Panther direkt aus der Produktion abzuzweigen und die Türme zu entfernen. Sie dienten als Zug-

fahrzeuge bei den zwei Panther-Bataillonen, die für die Kursk-Offensive vorgesehen waren. Danach entwickelte und baute Henschel im Juli/August 1943 etwa 70 Bergepanther. Bei diesem Fahrzeug war auf dem Laufwerk des Panther anstelle des Turms eine kräftige, drehbare 40-Tonnen-Winde montiert, die vom elektrischen Schwenkgetriebe des Turms angetrieben wurde. Für den Schutz der Besatzung war lediglich ein offener Aufbau aus Stahl und Holz, abgedeckt durch eine Plane, vorgesehen. Am Heck war eine schwere Schaufel montiert, die als Gegengewicht und Hebel diente. Die Winde funktionierte ordentlich, und ihre Leistung ließ sich durch ein Arrangement von Flaschenzügen sogar noch steigern. Die Wehrmacht beabsichtigte, an jedes Panther-Bataillon zwei Bergepanther auszugeben. Im großen und ganzen erfüllte das Fahrzeug seinen Zweck durchaus zufriedenstellend. Es war stets sehr gefragt, denn es konnte nicht nur den Panther bergen, sondern sogar den noch schwereren Tiger. Das gepanzerte Laufwerk war bei den Besatzungen äußerst beliebt, da die Bergung auch unter Feindfeuer möglich war. Insgesamt produzierten MAN und Henschel etwa 350 Bergepanther.

Eine andere Möglichkeit, den Panther einzusetzen, bestand darin, seinen Turm in eine befestigte Stellung zu integrieren. Der Turm wurde auf eine unterirdische Stellung gesetzt. Im Winter 1944/45 stellte die Wehrmacht spezielle Pantherturm-Panzerabwehrkompanien auf, die sowohl am Westwall als auch bei der Verteidigung von Norditalien zum

UNTEN *Dieser Panther Ausf D trägt die braun-sandgelbe Wüstentarnung, die hastig über das originale Feldgrau gepinselt wurde. Teile der alten Farbe sind noch sichtbar. Am Turm ist besonders gut die Struktur der Zimmerit-Paste gegen Haftminen zu sehen.*

Hersteller: MAN, Daimler-Benz, MNH, Henschel
Fahrgestellnummern: 210001–210254, 211001–214000
850 Stück gebaut von Januar bis September 1943

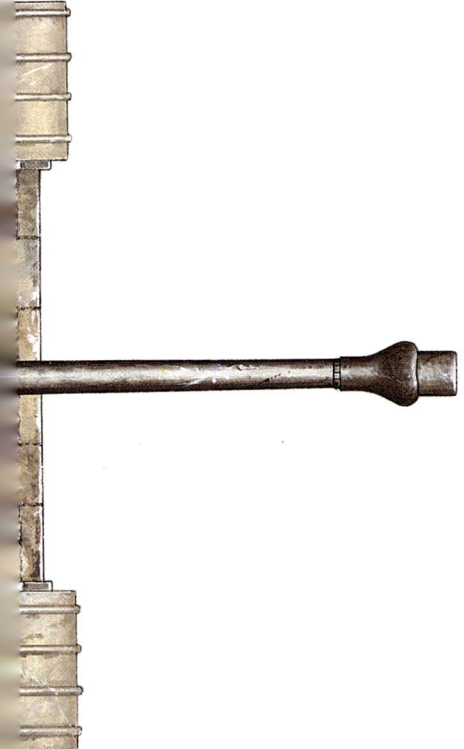

Kampfeinsatz:	**erster Einsatz bei Kursk im Juli 1943**
Ausgegeben an:	**51. und 52. Panzerabteilung**
	23. und 26. selbständiges Panzerregiment
	1. und 2. SS-Panzerdivision

TECHNISCHE DATEN: Panzer V Panther Ausf D (Sdkfz 171)

ALLGEMEINE DATEN
Art des Fahrzeugs: mittlerer Panzer
Indienststellung: Frühjahr 1943
Besatzung: fünf Mann
Kampfgewicht: 43 t

ABMESSUNGEN
Länge über alles: 8,86 m
Länge der Wanne: 6,88 m
Breite: 3,43 m
Höhe: 2,95 m

BEWAFFNUNG
Hauptbewaffnung: 7,5-cm-KwK 42 L/70
Nebenbewaffnung: 1x 7,92-mm-MG 34
auf dem Dach

MUNITIONSVORRAT
Hauptbewaffnung: 82 Schuß
Nebenbewaffnung: 4200 Schuß

PANZERUNG
Wanne vorn (Bug): 80 mm (im Winkel
von 35°)
Wanne vorn (Platte für den Fahrer):
80 mm (im Winkel von 35°)

Wanne seitlich: 40 mm (im Winkel
von 90°)
Wanne hinten: 50 mm (im Winkel
von 60°)
Turm vorn: 100 mm (im Winkel von 80°)
Turm seitlich: 45 mm (im Winkel von 65°)
Turm hinten: 45 mm (im Winkel von 62°)
Turm oben: 15 mm (im Winkel von 0°
bis 6°)

ANTRIEB
Motor: V12-Motor Maybach HL 210 P30
Leistung: 650 PS
Tankinhalt: 730 l

FAHRLEISTUNGEN
Höchstgeschwindigkeit Straße: 46
km/h
Höchstgeschwindigkeit Gelände:
24 km/h
Reichweite Straße: 177 km
Reichweite Gelände: 89 km

Einsatz kamen. Eine weitere Kompanie mit zwölf Panther-türmen beteiligte sich im April 1945 an der letzten Verteidigung von Berlin. Außerdem wurden oft beschädigte Panther oder an Kraftstoffmangel leidende Panther als statische Bunker eingegraben.

Während der Ardennen-Offensive setzte die Wehrmacht ein ungewöhnliches, improvisiertes Gerät auf der Basis des Panther ein: Ein Dutzend Panther wurde mit Hilfe dünner Bleche als amerikanische Jagdpanzer M-10 verkleidet und im Tarnmuster der Alliierten eingefärbt. Diese verkleideten Panther wurden zusammen mit einer kleinen Zahl von Beutefahrzeugen bei der 150. Panzerbrigade von SS-Standartenführer Otto Skorzeny eingesetzt. Skorzeny hatte den Auftrag, Verwirrung und Chaos in den rückwärtigen Gebieten der Amerikaner zu stiften und dem deutschen Heer den Übergang über die Maas zu erleichtern. Die taktischen Vorteile dieser Idee waren allerdings begrenzter Natur. Sobald das Element der Überraschung nicht mehr gegeben war, wurden die verkleideten Panther allesamt zerstört.

Der Panther im Gefecht

Im Kampf war der Panther dem amerikanischen Sherman wie auch den britischen Churchill und Cromwell und dem sowjetischen T34 mehr als gewachsen, vorausgesetzt natür-lich, daß er ordnungsgemäß gewartet und bedient wurde. Sogar dem T34/85, dem 1944 bei der Roten Armee eingeführten T34 mit besserer Panzerung und stärkerer Kanone, war er noch leicht überlegen. Die beträchtliche Größe und das Gewicht des Panther erwiesen sich zwar gelegentlich als hinderlich, aber die Kombination aus hoher Geschwindigkeit (45 km/h auf der Straße), günstig abgeschrägter Panzerung und der schnellen Kanone machten diese Nachteile mehr als wett. Der Panther war besonders in der Verteidigung und bei den blitzschnellen, örtlich begrenzten Gegenangriffen der Wehrmacht sehr wirksam. So war er ein ausgezeichneter Kompromiß zwischen allen Faktoren, die einen guten Panzer ausmachen: Durchschlagskraft, Schutz, Schnelligkeit, Beweglichkeit und Reichweite.

Die 7,5-cm-L/70-KwK 42 war eine präzise Hochleistungskanone mit ausgezeichneter Durchschlagskraft, die 1943 und 1944 auf der üblichen Kampfentfernung von 2000 Metern jeden feindlichen Panzer vernichten konnte. Mit panzerbrechenden Geschossen erreichte sie die außerordentliche

UNTEN *Deutsche Truppen in ihren Tarnanzügen für den Winter. Sie sitzen auf ihrem Panther Ausf D, die sich langsam über die schneebedeckte Straße voranbewegen. Der Fahrer des vorderen Panzers hat die Signalklappe links an der Frontplatte hochgeklappt.*

Mündungsgeschwindigkeit von 1120 m/s. Damit konnte sie auf eine Entfernung von 1000 Metern eine vertikale Panzerung von etwa 170 Millimetern durchstoßen. In der Leistung war sie der größeren 8,8-cm-Kanone des Tiger ebenbürtig. Dank der hohen Mündungsgeschwindigkeit sorgte die 7,5-cm-L/70-KwK 42 für eine ziemlich flache Flugbahn und war somit äußerst präzise. Die Panther-Besatzungen sprachen von einer Trefferquote von 90 Prozent auf 1000 Meter. Insgesamt war die KwK 42 L/70 eine der besten Panzerkanonen des Zweiten Weltkriegs.

Die Panzerung des Panther reichte für die typischen Kampfentfernungen gegen die Panzer und Panzerabwehrkanonen der Alliierten aus. Die abgeschrägte 80-mm-Panzerplatte am Bug der Wanne und die 100 Millimeter starken Frontplatten am Turm boten einen ausgezeichneten Schutz. Sogar die schwere 9-cm-Kanone der Amerikaner konnte bei Entfernungen von über 1000 Metern die Frontpanzerung des Panther kaum durchschlagen. Mit der schwächeren Panzerung an den Seiten und hinten konnte zwar das Gewicht niedrig gehalten werden, doch dafür bot sie kaum Schutz gegen Flankenfeuer. Ein Treffer in die Seite bot somit die besten Chancen, den Panther zu zerstören. Als der Panther 1944 immer häufiger bei der Wehrmacht auftauchte, gab er den Alliierten einen ernsthaften Grund zur Besorgnis. Er

OBEN *Ein schneebedeckter Panther Ausf D fährt durch die Ruinen eines Dorfes. Der Kommandant steht in der offenen Turmkuppel. Die Mündungsbremse am Ende 7,5-cm-Kanone ist durch eine Kappe abgedeckt.*

konnte sich zwar nie den gleichen Ruf sichern wie der mächtige Tiger, war aber wesentlich weiter verbreitet als dieser und deshalb auch für die Alliierten viel gefährlicher.

Die mechanischen Probleme sollten den Panther aber während der gesamten Bauzeit weiterverfolgen. Der Maybach-Vergasermotor mit 650 PS (später 700 PS) war zwar stark genug, aber nicht sehr robust. Normalerweise mußte er alle 1600 Kilometer überholt werden. Die Kraftübertragung blieb ein ewiges Problem, und auch die Kupplung neigte von Anfang an zu Ausfällen. Der Vergasermotor war extrem durstig und verbrauchte etwa doppelt soviel wie ein gleich großer Dieselmotor. Die 660 Millimeter breiten Ketten verteilten aber das Gewicht des Panther sehr günstig und sorgten dafür, daß sein Bodendruck niedriger war als der des amerikanischen Sherman. Der Panther war daher für seine Größe und sein Gewicht relativ beweglich.

Das Panther-Bataillon, das in den Jahren 1943 und 1944 nach und nach bei allen Panzerdivisionen eingeführt wurde, verfügte über 76 Panther in vier Kompanien zu je 17 Fahrzeugen. Die restlichen acht Panther gehörten zum Führungsstab. In diesen Jahren schickten die Panzerdivisionen jeweils ein Bataillon in die Heimat, wo es mit dem Panther ausgestattet wurde und an ausgiebigen Truppenversuchen teilnahm. Die 1. Panzerdivision erhielt die neuen Fahrzeuge zuerst. Bis zum Januar 1944 waren schon 15 Panzerdivisionen mit einem Panther-Bataillon ausgestattet. Im Sommer 1944 erhielten auch 13 neue, Panzerbrigaden in Bataillonsstärke den Panther. Bis zum Jahr 1945 waren diese Gliederungen allerdings aufgrund der schweren Verluste und der geringen Produktion nicht mehr zu halten.

Einer der bekanntesten Panzersoldaten war der SS-Unteroffizier Ernst Barkmann, Panzerkommandant in der 4. Kompanie, 2. SS-Panzerregiment, 2. SS-Panzerdivision „Das Reich". Barkmann hatte erstmals 1943 an der Ostfront einen Panther kommandiert und viele Erfahrungen gesammelt. Ein Beispiel seiner Kampferfahrungen aus der Normandie macht die Qualitäten des Panther deutlich: Am 8. Juli 1944 zerstörte Barkmann seinen ersten Sherman in der Nähe von St. Lo. Vier Tage später zerstörte er zwei weitere Sherman und schoß einen dritten kampfunfähig. Am gleichen Tag vernichtete er noch drei Sherman und eine Panzerabwehrkanone, bevor sein Panzer von der Panzerabwehr der Alliierten getroffen wurde. Am 14. Juli übernahm er einen anderen Panzer und zerstörte wieder drei Sherman, bevor ein feindliches Artilleriegeschoß seine Kette zerstörte.

Am 26. Juli saß er erneut in seinem inzwischen reparierten Panther. Mit dem Rest des 2. SS-Panzerregiments kämpfte er vehement gegen die Ausbruchsversuche der Amerikaner während der Offensive „Operation Cobra". Diesmal fiel sein Vergaser aus, und der liegengebliebene Panther wurde zum Ziel amerikanischer Jagdbomber. Eine hastige Reparatur in der Nacht machte das Fahrzeug bis zum Morgen wieder flott. Am 27. Juli wurde Barkmann jedoch von seiner Kompanie abgeschnitten. Er versuchte südlich von Le Lorey, sie wieder einzuholen, als er auf eine amerikanische Speerspitze stieß. Ganz allein machte er sich daran, den Gegner zu bekämpfen, von dessen Stärke er keine Ahnung hatte. Er mußte schwere Treffer hinnehmen, die sein vorderes Kettenrad zerstörten, eine Kette abrissen, ein Loch in die Wanne schlugen, eine Luke blockierten und den Fahrer verwundeten. Trotzdem kämpfte der Panther weiter und zerstörte neun Panzer der Alliierten. Er schaffte es sogar noch, sich im Rückwärtsgang davonzuschleichen.

Wieder gelang es, den beschädigten Panzer behelfsweise flottzumachen, und Barkmann war am nächsten Morgen tatsächlich wieder im Gefecht. Es gelang ihm, sechs weitere Panzer zu zerstören. Am 29. Juni wurde Barkmann durch Splitter verwundet und mit seiner Kompanie bei Gavray von Amerikanern eingeschlossen. Es gelang ihm, mit seinem

Panther den Riegel der Amerikaner zu durchbrechen und die deutschen Verteidigungsstellungen zu erreichen – und das mit einem beschädigten Panzer im Schlepptau! Schließlich ereilte Barkmann am 1. August 1944 das Schicksal, als die Munition des abgeschleppten Panthers explodierte und auch seinen Panzer in Brand setzte. Er mußte ihn aufgeben und sich mit seiner Besatzung zu Fuß durch die feindlichen Linien schlagen, um seine Division zu erreichen. Barkmann erhielt vom Oberkommando das Ritterkreuz.

Ab 1944 war die Luftüberlegenheit der Alliierten so deutlich, daß sie besonders im Westen zu einer ernsten Gefahr für den Panther wurde. Er blieb trotz alledem bis zum Ende des Krieges das Rückgrat der deutschen Panzertruppe. So war er denn auch bei der letzten verzweifelten Verteidigung von Berlin mitten im dicksten Kampfgetümmel zu finden: Mitte April 1945 fand das letzte größere Gefecht mit dem Panther statt. Die Panther kämpften gegen die sowjetischen

Panzer, die die deutsche Verteidigung durchbrochen hatten und auf die Seelower Höhen zumarschierten. Hier konnte zum letzten Mal ein Panther-Bataillon, unterstützt durch ein paar Tiger, den sowjetischen Panzern ernsthafte Verluste zufügen. Nach Hitlers Selbstmord führten die zwei verbliebenen Panther der eingeschlossenen Berliner Garnison eine Speerspitze an, die einen letzten verzweifelten Ausbruchsversuch machte, um der Gefangennahme durch die Sowjets zu entgehen. Die Panther wurden zwar beide zerstört, schafften es aber, eine winzige Bresche in den sowjetischen Riegel zu schlagen, so daß Teile der Garnison sich nach Westen durchschlagen und den Amerikanern ergeben konnten. In den Jahren 1944 und 1945 hatten die Sowjets mächtigen Respekt vor dem Panther und unternahmen alles, um beschädigte Fahrzeuge sicherzustellen und instand zu setzen. Schließlich konnte die Rote Armee sogar mit einigen Panther-Kompanien antreten.

OBEN *Zwei Panther der 1. Kompanie eines unbekannten Verbands. Beim Panzer im Hintergrund fehlen die Schürzen an den Seiten. Der vordere Panzer fällt durch die schiere Größe der Kommandantenkuppel auf.*

Der Panther war ein ausgezeichneter Panzer. Er verband Feuerkraft, Panzerschutz und Beweglichkeit zu einem erstklassigen Kampffahrzeug, das den gegnerischen Panzern in der Regel überlegen war, zumindest bis zum Erscheinen des amerikanischen M-26-Pershing und des schweren sowjetischen Josef Stalin 1945. Der geplante Panther II hätte wohl gegen diese beiden Panzer bestehen können. Andererseits hatte der Panther einige Mängel, insbesondere die mechanischen Schwächen und den hohen Benzinkonsum, die seine Beweglichkeit sehr einschränkten. In weniger als einem Jahr entwickelt, war der Panther ein ernst zu nehmender Gegner für den T34. Er hatte die besten Merkmale dieses sowjetischen Panzers erhalten.

KAPITEL 14

JAGDPANZER V JAGDPANTHER

Die Kombination aus tödlicher Feuerkraft, ausgezeichnetem Panzerschutz und guter Beweglichkeit machte aus dem Jagdpanther einen der besten Panzer des Zweiten Weltkriegs. Aber er wurde in viel zu geringer Zahl produziert: Die 392 Fahrzeuge konnten keinen wirklichen Einfluß auf den Verlauf des Krieges nehmen.

Mitte 1943 ordnete das Heereswaffenamt die Entwicklung eines schweren Jagdpanzers auf der Grundlage des Panther an. Er sollte die Bezeichnung Jagdpanther erhalten. Das Oberkommando hatte sich für das Laufwerk des Panther entschieden, weil kein anderes Laufwerk verfügbar war, das der schweren Kanone 8,8-cm-Pak 43/3 L/71 gewachsen gewesen wäre. Das Hybridlaufwerk des PzKpfw III/IV war für das Gewicht eines Jagdpanzers mit dieser Kanone zu schwach. Man hätte eine extrem leichte Panzerung für den Aufbau wählen müssen, aber ein solches Fahrzeug hätte 1943 gegen die starken Panzerabwehrwaffen der Alliierten keine ernsthafte Chance gehabt. Das andere in Frage kommende Laufwerk, das des Tiger I, war für die Aufgabe als schwerer Jagdpanzer nicht beweg-

LINKS Diese Ansicht des Jagdpanther zeigt die schräg abfallende Unterseite der Wanne und die breite, glatte Frontplatte vor dem Fahrer. Die Sehschlitze für den Fahrer befinden sich auf der rechten Seite.

lich genug. Diese Tatsache wurde durch das mißlungene Projekt des Panzerjägers Tiger (P) Elefant unter Beweis gestellt.

Am 20. Oktober 1943 baute MIAG den ersten Prototyp des Jagdpanther unter der Bezeichnung „8,8-cm-Pak 43/3 auf Panzerjäger Panther". Am 27. Februar 1944 befahl Hitler im Rahmen der Vereinfachung der Fahrzeugbezeichnungen die Umbenennung in Jagdpanther. Das Serienmodell basierte auf einem Standardlaufwerk der Ausführung G, kombiniert mit einem günstig abgeschrägten, gepanzerten Aufbau. Für die Verhältnisse von 1944 war die Panzerung eher bescheiden. Sie betrug 80 Millimeter an der Front, 50 Millimeter an den Seiten und 40 Millimeter am Heck. Diese Schwäche wurde aber durch die zweckmäßige Form der Panzerung und die niedrige Silhouette wettgemacht, die dem Fahrzeug einen hervorragenden Schutz boten. Die durchgehende schräge Front und das schlanke, fast schon elegante Profil machten aus dem Jagdpanther einen der optisch gelungensten Panzer des Zweiten Weltkriegs.

OBEN *Eine Kolonne von Jagdpanthern marschiert durch offenes Ge-*
lände. Am vorderen Fahrzeug sind die prägnante Saukopfblende und die
günstig abgeschrägte Frontplatte gut zu erkennen. Auffällig sind außerdem
die breiten Ketten und die ungleichmäßige Struktur der Zimmerit-Paste.

Der Jagdpanther hatte zwar das erhebliche Gewicht von
45,5 Tonnen, doch das schränkte seine Beweglichkeit nicht
allzusehr ein, denn der starke Maybach HL 230 mit 700 PS
sorgte für ausreichende Fahrleistungen. Mit diesem Motor
kam der Jagdpanther auf die beeindruckende Höchstgeschwindigkeit von 45 km/h auf der Straße. Auch die 24 km/h,
die sich im Gelände erzielen ließen, waren im Vergleich zu
anderen deutschen Jagdpanzern beachtlich. Die hervorragende Leistung im Gelände ist zu einem großen Teil auf das
Laufwerk mit versetzten Laufrollen und die breiten Ketten
zurückzuführen. Dank dieser Kombination war der Bodendruck niedriger als beim StuG III, und das war nur halb so
schwer wie der Jagdpanther! Die Mischung aus Feuerkraft,
ausgezeichnetem Panzerschutz und hoher Beweglichkeit
machte aus dem Jagdpanther eines der besten deutschen
Kampffahrzeuge im Zweiten Weltkrieg.

Zwischen Februar und Dezember 1944 wurde der Jagdpanther ausschließlich bei MIAG hergestellt. Danach lief er
für fünf Monate auch bei MNH vom Band, bevor die Produktion im April 1945 aufgegeben werden mußte. Trotzdem
blieb der Jagdpanther eine seltene Erscheinung, denn die
beiden Werke bauten innerhalb von 15 Monaten nur 382
Fahrzeuge, bei einem durchschnittlichen monatlichen Ausstoß von 26 Exemplaren. Diese Produktionszahlen waren
weit entfernt von den Vorgaben. Eigentlich lag das Ziel bei
einer monatlichen Produktion von 150 Fahrzeugen, was sich
aber aufgrund der schweren Bombardierungen durch die
Alliierten nicht erreichen ließ.

Der Jagdpanther im Gefecht

Während des Feldzugs der Alliierten 1944 in der Normandie
trat der Jagdpanther nur selten in Erscheinung. Nur 14 Fahrzeuge griffen in das Gefecht ein. Das 654. schwere Panzerjägerbataillon war der einzige Jagdpanther-Verband im Westen,
der sich den Alliierten im Sommer 1944 entgegenstellen
konnte. Als die Alliierten am 6. Juni 1944 im besetzten Frankreich landeten, lag das 654. Bataillon auf dem Übungsplatz

Mailly-le-Camp in der Nähe von Paris. Der Verband hatte gerade erst nagelneue Jagdpanther erhalten, und die Besatzungen machten sich mit dem Fahrzeug vertraut. Bis zum 18. Juni hatten aber erst zwei der drei Kompanien des Bataillons ihre 14 Jagdpanther erhalten. Da außerdem die Besatzungen der einen Kompanie noch nicht ausreichend mit dem neuen Fahrzeug geübt hatten, zogen nur die 14 Jagdpanther der 2. Kompanie zum Kampf in die Normandie. Obwohl die Kompanie erst am 28. Juli, also relativ spät, zum Gefecht eintraf, machte sich die Feuerkraft der Jagdpanzer sofort auf dem Gefechtsfeld bemerkbar. Am 30. Juli spielte die 2. Kompanie eine entscheidende Rolle beim Aufhalten

der Operation Bluecoat, des Angriffs des XXX. britischen Korps. Die Briten wollten mit dieser Offensive den Durchbruch erweitern, den die Amerikaner rechts von ihnen bei Avranche erzielt hatten.

Am 30. Juli 1944 durchbrach die 15. britische (schottische) Division, unterstützt von den Churchill-Panzern der 6. Guards Tank Brigade, südlich von Caumont die geschwächten deutschen Linien und marschierte auf den Hügel 309 zu. Plötzlich brachen zwei Jagdpanther aus ihrem Versteck in einem kleinen Wäldchen und griffen die Churchill-Panzer an. Dabei erhielten sie Feuerschutz durch einen dritten Panzer, der im Versteck blieb. Das Gefecht dauerte nur zwei

TECHNISCHE DATEN: Jagdpanzer V Jagdpanther (Sdkfz 173)

ALLGEMEINE DATEN
Art des Fahrzeugs: schwerer Jagdpanzer (schwerer Panzerjäger)
Indienststellung: Anfang 1944
Besatzung: fünf Mann
Kampfgewicht: 45,5 t
Laufwerk: PzKpfw V Panther

ABMESSUNGEN
Länge über alles: 9,86 m
Länge der Wanne: 6,87 m
Breite: 3,28 m
Höhe: 2,72 m

BEWAFFNUNG
Hauptbewaffnung: 8,8-cm-PaK 43/3 L/71
Schwenkbereich der Bordkanone: 11° links und rechts

Nebenbewaffnung: 1x 7,92-mm-MG 34 im Bug

MUNITIONSVORRAT
Hauptbewaffnung: 60 Schuß
Nebenbewaffnung: 600 Schuß

PANZERUNG
Wanne vorn (Bug): 60 mm (im Winkel von 35°)
Wanne vorn (Platte für den Fahrer): 80 mm (im Winkel von 35°)
Wanne seitlich: 40 mm (im Winkel von 90°)
Wanne hinten: 40 mm (im Winkel von 60°)
Aufbau vorn: 80 mm (im Winkel von 35°)
Aufbau seitlich: 50 mm (im Winkel von 60°)

Aufbau hinten: 40 mm (im Winkel von 60°)
Aufbau oben: 17 mm (im Winkel von 5°)

ANTRIEB
Motor: V12-Motor Maybach HL 230 P30
Leistung: 700 PS
Tankinhalt: 700 l

FAHRLEISTUNGEN
Höchstgeschwindigkeit Straße: 46 km/h
Höchstgeschwindigkeit Gelände: 24 km/h
Reichweite Straße: 210 km
Reichweite Gelände: 140 km

Minuten, in denen die Jagdpanther insgesamt elf Panzer zerstörten, bevor sie sich angesichts der zahlenmäßigen Überlegenheit der Alliierten zurückzogen. Die Kompanie mußte aber zwei ihrer Fahrzeuge aufgeben, nachdem die Alliierten ihre Ketten getroffen hatten. Obwohl die 14 Jagdpanther den Alliierten bei dieser Offensive einige Verluste zufügen konnten, gelang es ihnen natürlich nicht, dadurch den Zusammenbruch der gesamten deutschen Front in der Normandie zu verhindern. In der Verwirrung, die ab August 1944 beim deutschen Heer im Westen einsetzte, gelang es schließlich nur zwei Jagdpanthern der 2. Kompanie, sich hinter die Seine zu retten.

Die Jagdpanther in den Ardennen

Der Jagdpanzer V war immer ein seltenes Fahrzeug, das von der Wehrmacht stets in kleinen Gruppen eingesetzt wurde. Die einzige Ausnahme war die Ardennen-Offensive. Dort kamen insgesamt 51 Jagdpanther zum Einsatz, also ein Siebtel der gesamten Produktion. Bei dieser Operation waren die Jagdpanther normalerweise in nur einer der drei Kompanien der selbständigen schweren Panzerjägerbataillone zu finden. Die anderen beiden Kompanien verfügten entweder über Sturmgeschütze oder den Jagdpanzer IV/70. Die Wehrmacht setzte insgesamt sechs dieser Bataillone in den Ardennen ein, die aber alle unterbesetzt waren und längst nicht über die offizielle Stärke von 14 Jagdpanthern verfügten. Dieses Problem hatten aber nicht nur die Panzerjäger: Die gesamte deutsche Offensive in den Ardennen litt unter chronischem Personalmangel und verschiedenen materiellen Engpässen.

In dieser verzweifelten Lage verließen sich die deutschen Truppen in den Ardennen in erster Linie auf die mächtige Feuerkraft der 51 Jagdpanther. Am 20. Dezember 1944 zum Beispiel boten die acht Jagdpanzer V und die 25 Jagdpanzer IV/70(V) des 560. schweren Panzerjägerbataillons intensive Feuerunterstützung für die ungestümen Angriffe der fanatischen Panzergrenadiere der 12. SS-Panzerdivision der Hitlerjugend. Das Oberkommando hatte dieser Division den wichtigen Auftrag erteilt, die alliierten Stellungen in Dom Bütgenbach zu zerstören. Ein Erfolg war dringend erforderlich, damit die Deutschen eine weitere Angriffsachse auf Malmédy eröffnen und den Schwung des Angriffs aufrechterhalten konnten. Trotz der taktischen Erfolge bei Dom Bütgenbach, die mit der Unterstützung durch die Jagdpanther erzielt werden konnten, wurde der nördliche Vorstoß der Wehrmacht aber schon bald zum Stehen gebracht, als es den Alliierten gelang, die Panzer der SS-Kampfgruppe Peiper zunächst einzuschließen und dann vollständig zu zerstören.

Operation Nordwind

Nicht alle der 51 Jagdpanzer in den Ardennen nahmen tatsächlich an der Offensive teil. Das Oberkommando nahm das 654. schwere Panzerjägerbataillon mitten im Angriff aus der Reserve und verlegte es nach Elsaß-Lothringen, wo es in der Sylvesternacht 1944 an der Operation Nordwind teilnehmen sollte. Dieser Angriff umfaßte einen Vorstoß von sechs Divisionen im Norden, die nach Süden auf Straßburg zumarschierten. Dort sollten sie auf eine deutsche Angriffszange treffen, die aus dem Kessel von Colmar gestartet wurde, der deutschen Enklave auf französischem Boden jenseits des Rheins. Die Deutschen hofften, Straßburg wieder einzunehmen. Die Stadt hatte einen großen symbolischen Wert, und mit dieser Maßnahme sollte ein wirkungsvoller Keil zwischen Frankreich und die anderen westlichen Alliierten getrieben werden.

Die acht einsatzbereiten Jagdpanther des 654. Bataillons spielten eine entscheidende Rolle beim erfolgreichen Vorstoß der südlichen deutschen Angriffszange. Trotz der hervorragenden Panzerung des Jagdpanther und seiner niedrigen Silhouette, die ihn vor den Angriffen der Alliierten schützte, verlor die Wehrmacht bei dieser Operation zahl-

reiche Jagdpanzer. Am 6. Februar 1945 hatte sich ein Jagd-panzer V bei Wolfgantzen in der Nähe von Colmar in einem kleinen Wäldchen verschanzt und wartete darauf, eine französische Kolonne angreifen zu können. Dabei wurde der Jagdpanther aber selbst überrascht, denn zwei Sherman-Panzer der ersten französischen Armee griffen ihn von bei-den Seiten gleichzeitig an. Die französischen Panzer schos-sen beide Ketten ab und machten den Jagdpanther damit kampfunfähig.

Die Besatzungen von zwei weiteren Jagdpanthern des 654. Bataillons mußten ihre Fahrzeuge ebenfalls aufgeben, nachdem bei einem der Motor versagte und beim anderen die Ketten zerstört wurden. Nach einem Motorschaden mußte das Bataillon einen vierten Jagdpanther aufgeben, aber es gelang einem Bergungstrupp mit einem Berge-panther, diesen Panzer zu bergen und zur Instandsetzung in ein Depot zu schleppen. Zum Ende des schließlich wir-kungslosen Gegenangriffs der Operation Nordwind hatte das 654. Bataillon nur noch vier einsatzbereite Jagdpanther. Im März 1945 wurde das Bataillon endgültig vernichtet, nachdem es noch versucht hatte, sich dem Vormarsch der Alliierten in das Deutsche Reich entgegenzustemmen.

OBEN *Diese Ansicht des Jagdpanther zeigt das abgeschrägte Profil. Die lange 8,8-cm-Kanone ragt weit über den Bug des Fahrzeugs hinaus. Ein Teil der seitlichen Schürzen fehlt. Beachtlich ist auch die Größe der versetzt angeordneten Laufrollen.*

PANZER VI TIGER I

Der wohl bekannteste Kampfpanzer des Zweiten Weltkriegs war der Tiger I. Er war wegen seiner starken 8,8-cm-Kanone und der schweren Panzerung bei den Alliierten besonders gefürchtet. Trotz seiner legendären Kampferfolge litt der Tiger I unter seiner technischen Unzuverlässigkeit und der begrenzten Beweglichkeit.

Der deutsche PzKpfw VI Tiger I, wohl der berühmteste Panzer des Zweiten Weltkriegs, hat seinen Ursprung im Mai 1940. Damals mußte das deutsche Heer auf die Erfahrungen des Feldzugs im Westen reagieren. Die wenigen schweren Panzer der Alliierten wie der britische Matilda II bei Arras und der französische Char 1B bei Flavion hatten der deutschen Wehrmacht derartige Schäden zugefügt, daß sie nun ihrerseits die Entwicklung eines schweren Kampfpanzers einleitete. Vor diesem Zeitpunkt hatte es auf deutscher Seite nur in den Jahren 1937/38 sporadische Versuche gegeben, einen Panzer zu entwickeln, der noch schwerer war als der PzKpfw IV. Im Jahr 1938 gingen daraus zwei Prototypen hervor, der Durchwagen 1 (DW 1)

und der VK3001. Weiter wurde dieses Programm aber dann nicht verfolgt, denn das deutsche Heer war mit den Leistungen und dem Entwicklungspotential des PzKpfw IV durchaus zufrieden.

Im Frühjahr 1941, unmittelbar vor der Invasion der Sowjetunion, forcierte das Heereswaffenamt die Weiterentwicklung des schweren Panzers. Im Sommer 1941 verfolgte das Heer diese Programme mit viel mehr Tatkraft, denn die ersten Erfahrungen aus den Gefechten mit den sowjetischen mittleren T34 und den schweren KV hatten bewiesen, daß ein schwerer Panzer dringend erforderlich war. Die modernen sowjetischen Panzer waren den deutschen Panzern in jeder Hinsicht überlegen. So ging man an die Entwicklung eines neuen mittleren Panzers, des PzKpfw V Panther, und eines schweren Panzers, aus dem schließlich der PzKpfw VI Ausf E Tiger I hervorging. Im Jahr 1941 gab es ständig Kontroversen darüber, in welche Richtung die Entwicklung des schweren Panzers gehen sollte. Hitler stellte

sich einen Panzer mit der 8,8-cm-Flugabwehrkanone vor, währendhingegen das Waffenamt ein leichteres Fahrzeug mit einer kleineren, konischen 6-cm- oder 7-cm-Kanone favorisierte, um Größe und Gewicht des Fahrzeugs in Grenzen zu halten.

Aufgrund dieser Meinungsverschiedenheit wurden zwei verschiedene Wege eingeschlagen. Das Waffenamt erteilte der Firma Henschel in Kassel den Auftrag für das erste Projekt, den VK3601. Die Vorgaben bezogen sich auf ein Fahrzeug von 36 bis 40 Tonnen mit einer konischen 6-cm- oder 7-cm-Kanone. Die Firma Porsche erhielt den zweiten Auftrag. Sie sollte unter der Bezeichnung VK4501 einen 45-Tonnen-Panzer mit einer 8,8-cm-Kanone entwickeln. Die für den Henschel VK3601 vorgesehene konische Kanone benötigte allerdings große Mengen am Wolframstahl, ein Rohmaterial, das in Deutschland kaum zur Verfügung stand. Wegen dieser Materialknappheit mußte die Entwicklung der Kanone und mit ihr auch die des VK3601 aufgegeben werden. Das Heer wollte allerdings die von Henschel am VK3601 geleistete Arbeit nutzen und erteilte der Firma

OBEN *Eine Frontansicht eines Tiger I in einem Wald. Am Bug und an der Fahrerplatte sind Kettenglieder als Zusatzpanzerung angebracht. Das Bild zeigt auch, daß die Panzerung in einem sehr ungünstigen Winkel angebracht war. Dennoch war sie stark genug, um den meisten Panzerabwehrgeschossen standzuhalten.*

einen neuen Auftrag zur Entwicklung eines schweren Panzers. Das Projekt erhielt die Bezeichnung VK4501 (H) und basierte auf einem modifizierten Laufwerk des VK3601. Die 8,8-cm-Kanone stammte aus der Porsche-Konstruktion. Im Herbst 1941 arbeiteten daher sowohl Henschel als auch Porsche an einem schweren Kampfpanzer mit der kräftigen 8,8-cm-Kanone.

Im April 1942 hatten Henschel und Porsche ihre Prototypen fertiggestellt, die nun VK4501 (H) und VK4501 (P) hießen. Hitler beobachtete persönlich die Erprobung der beiden Prototypen in Rastenburg, Ostpreußen. Sie fand am 20. April 1942, seinem 53. Geburtstag, statt. Der Henschel schnitt etwas besser ab als der Porsche und wurde vom Waffenamt auch als geeigneter für die Massenproduktion eingeschätzt. Daher erhielt Henschel vom Waffenamt mehrere Aufträge mit einem Gesamtvolumen von 1500 Fahrzeugen. Allerdings hatte sich Porsche bereits vor der Erprobung einen Auftrag über die Entwicklung von 90 Vorserienversionen des Prototypen VK4501 (P) Tiger gesichert. Als das Waffenamt sich dann auf Henschel festlegte, wurde dieser Auftrag nachträglich storniert. Da Porsche aber schon mit den Arbeiten begonnen hatte, saß die Firma nun auf 90 teilweise fertiggestellten Laufwerken. Das deutsche Heer, dem diese Tiger-Laufwerke zu schade zum Verschrotten waren, gab Porsche den Auftrag, sie als Grundlage für den improvisierten schweren Jagdpanzer Elefant zu benutzen. Das Serienprodukt von Henschel erhielt beim Heer die Bezeichnung PzKpfw VI Ausf E Tiger I, die im Februar 1944 zum Panzer Tiger Ausf E gekürzt wurde.

Die Serienproduktion

Die Produktion des Tiger I begann im August 1942 und lief 23 Monate lang, ehe sie im Juni 1944 eingestellt wurde. Henschel baute insgesamt 1354 Tiger, von denen 100 im Jahr 1942 fertiggestellt wurden. 1943 folgten 780 Exemplare, und im ersten Halbjahr 1944 waren es noch einmal 474 Stück. Der monatliche Ausstoß lag 1942 noch bei 20 Exemplaren, steigerte sich im Jahr 1943 auf 65 und erreichte schließlich 1944 mit 75 Tigern pro Monat seinen

Höhepunkt. Obwohl der Panzer knapp zwei Jahre lang gebaut wurde, war die Gesamtproduktion eher gering, und infolgedessen war der Tiger bei der Truppe äußerst rar. Das ist in erster Linie darauf zurückzuführen, daß der Bau eines so großen und komplizierten Panzers außerordentlich zeit- und materialaufwendig ist.

Der Tiger I war ein flacher, eckiger Panzer, der in vieler Hinsicht dem kleineren PzKpfw IV ähnelte. Er wurde von einer fünfköpfigen Besatzung bedient und wog gewaltige 56 Tonnen. Die ersten 250 Serienmodelle wurden vom Maybach-Motor HL 210 mit 650 PS angetrieben, ab dem 251. Fahrzeug kam der kräftigere Maybach HL 230 mit 700 PS zum Einsatz. Mit dem stärkeren Motor erreichte der Tiger I auf der Straße immerhin akzeptable 38 km/h. Im Gelände waren es aber nur noch bescheidene 20 km/h. Der Panzer verfügte über die starke 8,8-cm-Bordkanone KwK 43 mit einer Rohrlänge von 56 Kalibern. Der Panzerschutz betrug 100 Millimeter am Bug und 80 Millimeter an den Seiten und am Heck.

Der Tiger I war ein riesiger Panzer. Er war in einsatzbereitem Zustand so breit, daß er nicht auf die üblichen Eisen-

UNTEN *Der Tiger I links im Bild fährt während der Anfangsphase der gescheiterten Operation Zitadelle bei Kursk Anfang Juli 1943 an den Wracks sowjetischer Fahrzeuge vorbei, darunter ein brennender T34.*

bahnpritschen paßte. Als Lösung für dieses Problem entwickelte Henschel ein raffiniertes Zweikettensystem für den Tiger. Im Gefecht benutzte der Tiger I 725 Millimeter breite Ketten, die für den Transport gegen schmale 520-mm-Ketten ausgetauscht wurden. Zum Umbau mußte nur die äußere Scheibe der großen Laufrollen abgenommen werden. Da der Tiger auch zu schwer für die meisten Brücken war, erhielt er eine Watausrüstung, mit der er bis in 4,1 Meter Tiefe durch ein Flußbett waten konnte. Diese teure und nur selten benutzte Watausrüstung wurde jedoch nach nur 495 Fahrzeugen im Zuge von Sparmaßnahmen wieder aufgegeben. Anfang 1944 nahm Henschel umfangreiche Änderungen an der Konstruktion vor, um die Produktion mit der des Panther zu vereinheitlichen. So wurden die gummibereiften Laufrollen gegen widerstandsfähigere Ganzstahlrollen ausgetauscht.

Neben der Standardversion produzierte Henschel in Kassel auch zwei Sonderausführungen. Generell wurden auf der Basis des Tiger weniger Spezialversionen gebaut als von anderen Panzern, weil das Laufwerk in so geringer Stückzahl gefertigt wurde. Eine Version war ein Sturmpanzer namens Sturmtiger, der über einen kurzen 38-cm-Mörser aus Marinebeständen verfügte. Daneben wurde in geringer Stückzahl auch ein Befehlstiger I gebaut. Davon gab es zwei Ausführungen, die praktisch in jeder Hinsicht dem Tiger I entsprachen, aber zusätzlich mit leistungsfähigen Funksendern und Antennen ausgerüstet waren.

Wenn man die Leistungsdaten des Tiger betrachtet, so ist er ein beeindruckender Panzer mit schwerer Panzerung und einer starken Kanone. Diese hervorragende Kombination aus Schutz und Feuerkraft ging allerdings zu Lasten der Beweglichkeit. Der untermotorisierte und mechanisch eher unzuverlässige Tiger hielt sich im Gelände schlecht und hatte einen alarmierend hohen Benzinverbrauch. Zudem ließ sich der Turm recht langsam schwenken. Um die Leistungsfähigkeit des Tiger nutzen zu können, bedurfte es einer erfahrenen Besatzung und intensiver Wartung durch Fachleute. Auf dem Gefechtsfeld bot der Tiger oft hervorragende Leistungen, andererseits konnte er seine taktischen Fähigkeiten in vielen Fällen nicht ausspielen, weil die Ausbildung der Besatzungen und der Standard der Werkstätten im letzten Kriegsjahr immer schlechter wurden. Zu diesem Zeitpunkt hatte der Tiger aber auch schon Gegner und Nachfolger gefunden, die ihm in bezug auf Panzerschutz, Feuerkraft und vor allem hinsichtlich der Beweglichkeit überlegen waren. Dazu zählten der Königstiger, der amerikanische M-26-Pershing und auch der sowjetische Panzer Josef Stalin.

Der Tiger im Gefecht

Der Tiger I kam im August 1942 zu seinem ersten Einsatz. Die deutschen Panzerexperten wollten die ersten Serienfahrzeuge zunächst gründlich in Deutschland auf ihre Zuverlässigkeit erproben und dann eine größere Reserve aufbauen, die als verheerende Waffe mit Überraschungseffekt bei der für den folgenden Sommer geplanten Offensive an der Ostfront eingesetzt werden sollte. Hitler hörte nicht auf den Rat seiner Experten und ließ die erste Einheit mit dem Tiger, die 1. Kompanie des 502. schweren Panzerbataillons, sofort an die Ostfront bringen. Am 29. August 1942 gaben die Tiger dieser Kompanie bei Mga in der Nähe von Leningrad ihren Einstand. Die Kompanie hatte ihre vier Tiger I und einen PzKpfw III mit 7,5-cm-Kanone gerade vom Zug abgeladen, als die deutschen Kommandeure sie auf Befehl von Hitler sofort in den Kampf schickten. Die Tiger mußten in einem Gelände kämpfen, das für schwere Panzer völlig ungeeignet war, und wurden alle kampfunfähig geschossen. Die erfahrenen sowjetischen Gegner hatten festgestellt, daß sie mit ihren Kanonen die Frontpanzerung der neuen deutschen Panzer nicht durchbrechen konnten und richteten ihre Panzerabwehrwaffen deshalb auf die Ketten, um sie bewegungsunfähig zu machen. So hatte Hitlers Ungeduld jeden Überraschungseffekt und die psychologischen Auswirkungen zunichte gemacht, die ein massenhaftes Auftreten dieser gewaltigen Panzer hätte bewirken können.

Im Dezember 1942 schickte die Wehrmacht das 503. schwere Panzerbataillon in den südlichen Bereich der Ostfront, um auf den erfolgreichen sowjetischen Gegenangriff zu reagieren, der die sechste Armee von General Paulus bei Stalingrad eingeschlossen hatte. Hitler war so begierig darauf, diesen Verband in den Kampf zu schicken, daß dieser mit halber Stärke marschieren mußte. Aber auch die wenigen Tiger hatten einen gewaltigen Effekt im Gefecht. Die fünf Tiger des 502. Bataillons vernichteten am 29. Dezember 1944 bei Leningrad zwölf sowjetische T34 und leichte T60.

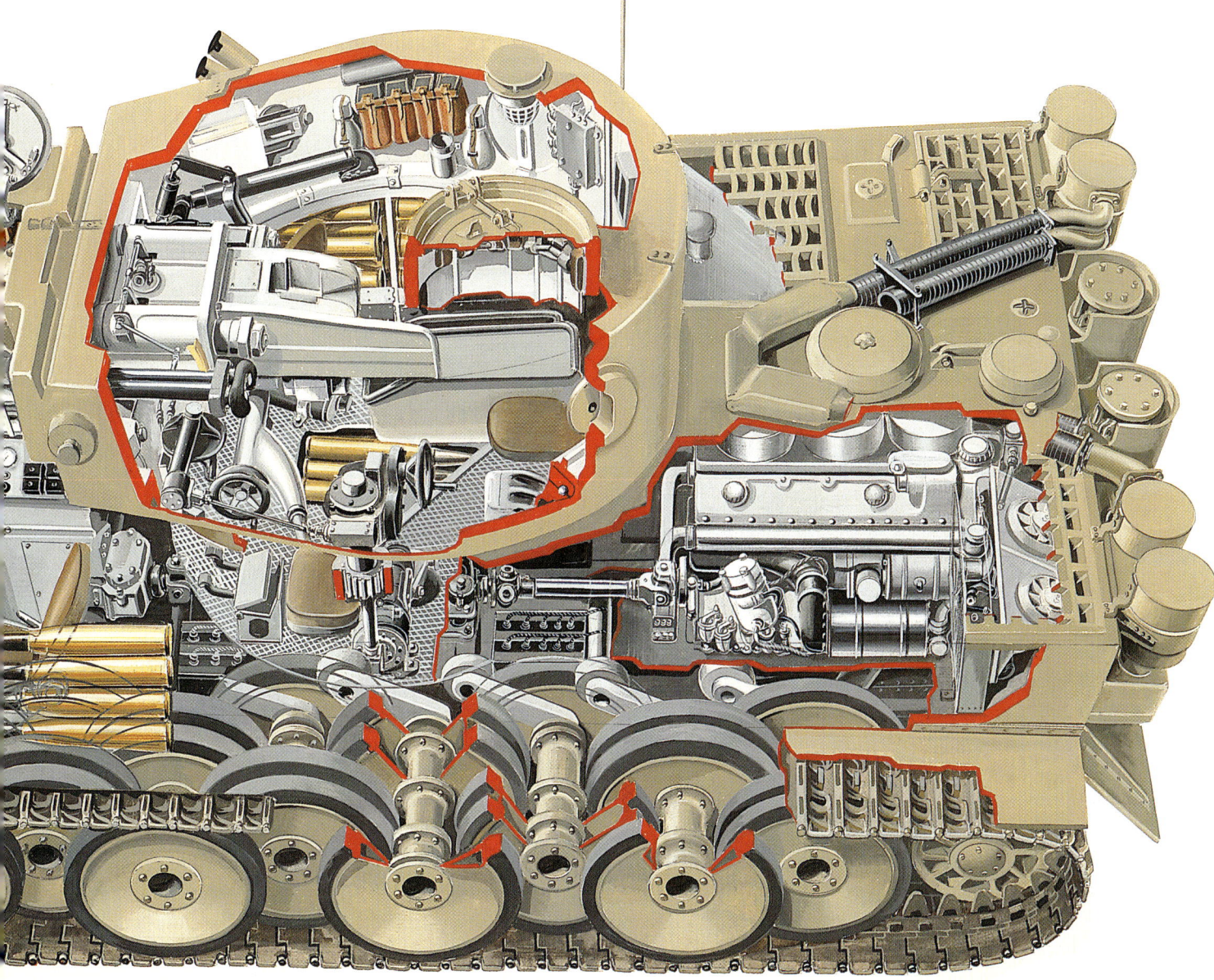

TECHNISCHE DATEN: Panzerkampfwagen VI Ausf E Tiger I (Sdkfz 181)

ALLGEMEINE DATEN
Art des Fahrzeugs: schwerer Panzer
Indienststellung: Ende 1942
Besatzung: fünf Mann
Kampfgewicht: 56 t

ABMESSUNGEN
Länge über alles: 8,24 m
Länge der Wanne: 6,20 m
Breite: 3,73 m im Einsatz; 3,15 m beim Transport
Höhe: 2,86 m

BEWAFFNUNG
Hauptbewaffnung: 8,8-cm-KwK 36 L/56
Nebenbewaffnung: 2x 7,92-mm-MG 34, 1x koaxial im Turm und 1x Bug, 6 Nebelwerfer

MUNITIONSVORRAT
Hauptbewaffnung: 92 Schuß
Nebenbewaffnung: 3920 Schuß

PANZERUNG
Wanne vorn (Bug): 100 mm (im Winkel von 66°)
Wanne vorn (Platte für den Fahrer): 100 mm (im Winkel von 80°)
Wanne seitlich: 60–80 mm (im Winkel von 90°)
Wanne hinten: 82 mm (im Winkel von 82°)
Turm vorn: 100–110 mm (im Winkel von 80°)
Turm seitlich: 80 mm (im Winkel von 90°)
Turm hinten: 80 mm (im Winkel von 90°)

Turm oben: 26 mm (im Winkel von 0° bis 9°)

ANTRIEB
Motor: V12-Motor Maybach HL 230 P45
Leistung: 700 PS
Tankinhalt: 534 l

FAHRLEISTUNGEN
Höchstgeschwindigkeit Straße: 38 km/h
Höchstgeschwindigkeit Gelände: 20 km/h
Reichweite Straße: 100 km
Reichweite Gelände: 60 km

OBEN *Ein Tiger I mit der weißen Tarnung für den Kampf unter den arktischen Bedingungen des sowjetischen Winters. Die mehrteiligen, versetzt angeordneten Laufrollen und die breiten Ketten sorgen dafür, daß der Bodendruck des Fahrzeugs nicht übermäßig hoch wird.*

Die westlichen Alliierten trafen erstmals im Dezember 1942 in Tunesien auf den Tiger I. Am 1. Februar 1943 gelang es den Briten, während des deutschen Vorstoßes auf der Straße von Robaa nach Pont du Fahs einen unbeschädigten Tiger I zu erbeuten. Dieses Fahrzeug lieferte wichtige Erkenntnisse über die taktischen Fähigkeiten des Tiger. An jenem Tag war eine gemischte deutsche Kampfgruppe der motorisierten Infanterie, unterstützt von 18 Panzern (überwiegend PzKpfw III und IV, angeführt von zwei Tigern), auf eine vorbereitete britische Verteidigungsstellung aufgelaufen. Die britischen Sechspfünder des 72. Anti-Tank-Regiments konnten die Tiger auf eine Entfernung von 375 Metern bekämpfen. Der erbeutete Tiger hatte mehrere Treffer von Zehnpfündern hinnehmen müssen, von denen zwei in die seitliche 80-mm-Panzerung eingedrungen waren. Spätere Versuche zeigten, daß die britische Sechspfund-Kanone nur unter idealen Bedingungen und der richtigen Entfernung die Frontpanzerung des Tiger durchschlagen konnte. Die neue 17-Pfund-Kanone hatte dagegen auch auf die übliche Kampfentfernung noch eine realistische Chance. Die Versuche zeigten aber auch, daß der Tiger I nach einem solchen Treffer wie viele andere deutsche Panzer sofort in Brand geriet, denn Kraftstoff und Munition entzündeten sich in diesem Fall blitzschnell.

Normalerweise war die taktische Vorgehensweise des deutschen Heeres in Afrika anders als in Robaa. Die Tiger befanden sich hinten in zentraler Position des Panzerkeils, um den leichteren PzKpfw III und IV Feuerunterstützung geben zu können. Andere Fahrzeuge sicherten die Flanken gegen die alliierten Panzerabwehrwaffen. Die Erfahrungen mit dem Tiger im Wüstenkampf zeigten, daß das Gelände vorher gründlich erkundet werden mußte. Besonders die Brücken mußten oft erst verstärkt werden, damit sie den schweren Kampfpanzern gewachsen waren. Zusammen mit dem enormen Benzinverbrauch war deshalb die taktische Flexibilität der Tiger-Einheiten stark eingeschränkt.

Der Tiger in Italien

Ein Gefecht aus dem Jahr 1944, das sich während des alliierten Feldzugs in Italien ereignete, zeigt deutlich, welche Schwierigkeiten der Tiger mit seiner schlechten Geländegängigkeit, mechanischen Unzuverlässigkeit und vor allem mit seiner schieren Masse bereiten konnte: Vom 23. bis zum 25. Mai kämpften 16 Tiger der 3. Kompanie des 506. schweren Panzerbataillons ein hartes Gefecht rund um Cori aus. Am 23. Mai marschierte die Kompanie über eine Eisenbahnlinie und traf beim Überqueren der Böschung auf feindliche Panzer. Dabei wurden schon drei Tiger außer Gefecht gesetzt, zwei mit Kettenschäden, einer mit Getriebeschaden. Ein weiteres Problem war der 2,02 Meter große Überhang der Bordkanone: Zwei andere Tiger rammten nämlich beim Herunterfahren von der steilen Böschung ihre Kanonen in den Erdboden und mußten erst freigeschleppt werden.

Schließlich setzten 13 Tiger den Vorstoß fort und vernichteten sechs Sherman. Dabei beschädigte die alliierte Artillerie einen weiteren Tiger, der zu einer Werkstatt abgeschoben werden mußte. Am nächsten Tag schoß die alliierte Panzerabwehr einen Tiger kampfunfähig, und die Besatzung entschloß sich, ihn zu sprengen.

Daraufhin erhielt die Kompanie den Befehl zum Rückzug. Fünf Tiger hielten einen Angriff der Alliierten in Schach, während die restlichen sechs Panzer versuchten, die drei kampfunfähigen Tiger von der Böschung zu ziehen. Die Belastung beim Abschleppen war so hoch, daß vier der sechs Tiger ausfielen. So mußten die Soldaten die drei liegengebliebenen Tiger auf der Böschung in die Luft jagen und die zwei noch funktionierenden Panzer benutzen, um die vier Tiger abzuschleppen, die zunächst an der Bergungsaktion beteiligt waren. Als die Kompanie wieder glücklich in Cori eingetroffen war, hatte sie auch noch zwei der hinten eingesetzten Tiger verloren (einen durch feindliches Feuer, einen weiteren durch Getriebeschaden). Eines der abschleppenden Fahrzeuge war auch noch liegengeblieben. So waren noch drei Tiger übrig, die den Vormarsch der Alliierten aufhielten, während der Kompaniechef in Cori nur noch einen funktionierenden und sechs kampfunfähige Tiger hatte. Die drei Tiger konnten in ihrer Stellung natürlich die Alliierten nicht lange aufhalten. Da es auch keine Bergefahrzeuge gab, die die Kompanie rechtzeitig hätten erreichen können, gab der Kompaniechef den Befehl, die sechs kampfunfähigen Panzer zu sprengen, damit sie nicht in die Hände der Alliierten fielen, während die vier verbliebenen

Panzer sich nach Norden absetzten. Die Kompanie hatte während dieser Kämpfe zwölf Tiger verloren, allerdings nur drei davon durch feindliches Feuer. Man sieht deutlich, daß die mechanischen Probleme oft viel bedrohlicher waren als die Waffen der Alliierten.

Der Tiger in der Normandie

Die Erfahrungen, die die Alliierten beim Feldzug in der Normandie mit dem Tiger I machten, bestätigten alle ihre Befürchtungen. In der Verteidigung erwies er sich nämlich als fast unschlagbar. Hier mußte er sich kaum bewegen, so daß die mechanische Unzuverlässigkeit nicht ins Gewicht fiel. Mit seiner dicken Panzerung und der mächtigen Kanone wurde der Tiger I schnell zum Schrecken der Alliierten in der Normandie. Der Panzer war bei den britischen Truppen, die sich ja fast allein mit dem Tiger auseinandersetzen mußten, so gefürchtet, daß die Führung sich bald ernsthafte Sorgen um eine „Tigerphobie" machen mußte. Ein Ausdruck dieser Furcht war, daß die alliierten Truppen sofort jeden gesichteten Tiger meldeten, ganz egal, wo er an der Front auftauchte. In Wahrheit waren nie mehr als 90 Tiger gleichzeitig auf dem Kriegsschauplatz, und das auch immer nur in ausgewählten Abschnitten an der Front. Die übertriebene Zahl an Meldungen ist darauf zurückzuführen, daß die Sil-

UNTEN *Dieser Tiger I, das Fahrzeug 142, hat eine Wüstentarnung erhalten. Die Kanone ist ausnahmsweise mit einem Tarnnetz überzogen. Weitere Netze sind seitlich an der Wanne befestigt. Deutlich sichtbar sind auch die Nebelwerfer vorn oben am Turm.*

houetten des Tiger I und des viel kleineren PzKpfw IV auf große Entfernungen praktisch nicht voneinander zu unterscheiden waren.

Tatsächlich wurde der Tiger während der gesamten Schlacht in der Normandie nur bei vier deutschen Einheiten eingesetzt. Die 316. schwere Panzerkompanie der Panzerlehrdivision verfügte gerade einmal über zwei Tiger, während das 101. und 102. SS-Bataillon und das 503. schwere Panzerbataillon jeweils bis zu 45 Tiger I einsetzten. In einer vergeblichen Anstrengung, der „Tigerphobie" Einhalt zu gebieten, verbot General Montgomery jegliche Meldungen, die die Siege des Tiger herausstellten, um die Moral sei-

ner Truppe nicht zu gefährden. Daß es diese Angst tatsächlich gegeben hat, bestätigt der Bericht eines britischen Brigadegenerals: Er mußte am 12. Juni 1944 feststellen, daß ein einzelner Tiger eine Stunde lang feuern und dann einfach unbehelligt davonfahren konnte, weil kein einziger britischer Panzer bereit war, sich auf ein Gefecht einzulassen. Bei den Briten verbreitete sich schnell das Gerücht, daß man nicht nur fünf Sherman benötigte, um einen Tiger zu zerstören, sondern daß vier davon das Gefecht nicht überstehen würden. Oft genug bewiesen die Gefechte in der Normandie, daß die Angst der Briten keineswegs unberechtigt war. Besonders die Kämpfe von Panzer-As Michael Wittmann

bei Villers Bocage stellten die technischen Fähigkeiten des Tiger unter Beweis.

Wittmann zerstört eine Brigade

Das berühmteste Gefecht des Tiger I war wohl die blutige Niederlage, die die Tiger von Michael Wittmann der britischen 7. Armoured Division, den sogenannten Desert Rats (Wüstenratten), bei Villers Bocage zufügte. Von diesen Kämpfen gibt es unterschiedliche Berichte. Einige gehören in das Reich der Fabel, denn teilweise wird behauptet, daß Wittmann mit einem einzigen Tiger eine ganze Brigade vernichtete. Diese Tiger gehörten zur 2. Kompanie des 101.

LINKS *Eine Reihe von Tigern I der 2. SS-Panzerdivision „Das Reich" marschiert während der deutschen Offensive (Operation Zitadelle) im Sommer 1943 auf die Ostfront zu. Das Divisionsabzeichen befindet sich auf der linken Seite der Fahrerplatte.*

schweren SS-Panzerbataillons, die von SS-Obersturmführer Michael Wittmann geführt wurde. Bis zu Wittmanns Tod in der Normandie am 8. August 1944 soll er 119 Panzer an der Ostfront und weitere 20 in der Normandie zerstört haben. Das Oberkommando verlieh Wittmann für seine Leistungen das begehrte Ritterkreuz mit Schwertern und Eichenlaub.

Am 13. Juni 1944 war Wittmann in seinem Befehlstiger auf Erkundungsfahrt, als er die 22. Armoured Brigade der Desert Rats Division nach Süden marschieren sah, um dem benachbarten deutschen Verband, der Panzerlehrdivision, in die Flanke zu stoßen. Wittmann hielt sich in einem Wald versteckt und war verblüfft, wie selbstgefällig die Briten an diesem dunstigen Tag vorrückten und dann auch noch eine Teepause einlegten. Wittmanns Richtschütze, SS-Oberscharführer Woll, beklagte sich, daß sie sich verhielten, als ob sie den Krieg schon gewonnen hätten. Aber was konnte Wittmanns einzelner Panzer oder die anderen vier einsatzbereiten Tiger der Kompanie, die sich in der Nähe aufhielten, schon gegen eine ganze britische Brigade unternehmen?

Ohne zu zögern, stürzte Wittmann sich in das Gefecht. Zusammen mit den anderen vier Tigern setzte er sich hinter die Staffel „A" der britischen Brigade und fuhr in Richtung Westen den Hügel hinunter auf die Stadt Villers Bocage zu. Hier zerstörte er zunächst drei Churchill-Panzer der Stabsstaffel. Ein vierter konnte sich in einen Garten retten, wurde aber ein paar Minuten später zerstört, als Wittmann in Richtung Osten den Berg hinauffuhr, um sich mit der Staffel „A" zu befassen. Er näherte sich der Staffel von hinten, brach aus einem Wald und feuerte aus der Bewegung auf die britische Panzerkolonne. Innerhalb von zwei Minuten hatte er ein Dutzend britischer Panzer zerstört. Schon bald griffen die vier anderen Tiger der Kompanie in das Geschehen ein und erhielten Unterstützung von acht weiteren Tigern der 1. Kompanie des 101. SS-Bataillons, die sich in einiger Entfernung aufhielten. Nach den Kämpfen blieben 28 Panzer der Staffel „A" brennend auf dem Gefechtsfeld zurück. Die Staffel war damit praktisch vernichtet.

Wittmanns Panzer, zwei andere Tiger und ein soeben eingetroffener PzKpfw IV wandten sich dann nach Westen, um in die Ortsmitte von Villers Bocage zurückzukehren. Hier hatten sich ein Sherman Firefly mit der mächtigen 17-Pfund-Kanone, drei Churchill und eine 6-Pfund-Panzerabwehrkanone in kleinen Seitenstraßen versteckt, um die Tiger auf kurze Entfernung aus dem Hinterhalt anzugreifen. Die Pan-

OBEN *Tiger I des 101. schweren SS-Panzerbataillons des I. SS-Panzer-korps fahren auf einer Straße in Frankreich. Das Abzeichen, die gekreuz-ten Schlüssel, befindet sich rechts vorn an der Wanne. Diese Kolonne bewegt sich Anfang Juni 1944 auf die Front in der Normandie zu.*

zerabwehrkanone griff den Tiger von Wittmann an und schoß ihn bewegungsunfähig, bevor ein anderer Tiger die Ecke des Gebäudes rammte, das daraufhin über dem briti-schen Geschütz zusammenbrach. Der Firefly zerstörte an-schließend den zweiten Tiger und den PzKpfw IV. Wittmann und seine Besatzung kämpften sich zu Fuß durch. Da die Alliierten keine Infanterie dabeihatten, war niemand da, der sie hätte gefangennehmen können. Insgesamt konnten die Desert Rats durch ihre starke Gegenwehr vier Tiger zer-stören. Trotz dieser Verluste zählt der deutsche Angriff bei Villers Bocage zu den besten Leistungen der Panzertruppe

in der Normandie. Nur 13 Tiger genügten, um eine ganze bri-tische Brigade übel zuzurichten. Sie verlor dabei 48 Fahr-zeuge. 255 Soldaten fanden den Tod.

Ein Tiger fliegt in die Luft

Nicht immer klappte es für den Tiger I in der Normandie so gut wie bei Villers Bocage. Selbst diese schweren Panzer waren der massiven Feuerkraft der Alliierten nicht immer gewachsen. Am 18. Juli 1944 eröffnete Montgomery die Operation Goodwood, den großen Panzerangriff, mit dem er Caen vom Osten umgehen wollte. Bei den Vorbereitungen für die Offensive beschossen 2000 Bomber der Alliierten die deutschen Verteidigungsstellungen, kombiniert mit Artille-riefeuer aus 700 Geschützen. Diese kombinierte Bombardie-rung war so wirkungsvoll, daß sogar einer der 56 Tonnen schweren Tiger des 503. schweren Panzerbataillons in die

Luft geworfen wurde. Er gehörte zum Zug von Leutnant Baron von Rosen. Das Fahrzeug landete mit dem Turm nach unten, und die Männer von Baron von Rosen benötigten drei Stunden, um die Turmluke zu öffnen und die drei überlebenden Mitglieder der fünfköpfigen Besatzung zu retten. Die massiven Bombenangriffe der Alliierten wirkten sich aber auch auf die anderen Männer des Zuges aus. Einer verlor seinen Verstand, und ein anderer beging Selbstmord, weil er die ständigen Bombardierungen nicht mehr ertragen konnte. Trotz dieses schrecklichen Einblicks in die Realität des Krieges mit den Alliierten schafften es die Tiger des 503. Bataillons noch, 30 Sherman zu vernichten. So spielten sie eine entscheidende Rolle beim Aufhalten des britischen Panzervorstoßes der Operation Goodwood.

Letzte Erfolge in der Normandie

Am 8. August 1944 stand die deutsche Front in der Normandie kurz vor dem Zusammenbruch, da sie den Angriffen der Alliierten kaum noch gewachsen war. Als die Alliierten an jenem Tag die Stadt Vire einschlossen, gelang den Tigern der 1. Kompanie des 102. schweren SS-Panzerbataillons ein letzter taktischer Erfolg: Der Tiger I von SS-Unterscharführer Willi Fey brach in eine britische Panzerkolonne ein und zerstörte 14 der 15 Sherman-Panzer. Später gelang es Fey, mit seinen letzten beiden Schüssen einen fünfzehnten Sherman kampfunfähig zu schießen. Zu diesem Zeitpunkt war sein Panzer nach einem Treffer auch nicht mehr fahrbereit und mußte durch zwei andere Tiger in ein Depot geschleppt werden. Am gleichen Tag zerstörten andere Tiger der 1. Kom-

panie weitere neun Panzer der Alliierten, so daß eine einzige Tigerkompanie an einem Tag 24 alliierte Panzer vernichtete. Diese vorübergehenden taktischen Erfolge konnten allerdings die Katastrophe in der Normandie nicht mehr aufhalten, denn es gelang den Alliierten, die deutschen Truppen erfolgreich bei Falaise zu umzingeln. Nur wenige der Tiger des 102. SS-Panzerbataillons konnten der Vernichtung bei Falaise entfliehen, und kein einziger konnte sich während des hastigen Rückzugs der deutschen Truppen Ende August 1944 hinter die Seine retten. Das 102. SS-Panzerbataillon hatte zwar alle seine Tiger verloren, konnte aber behaupten, innerhalb von sechs Wochen in der Normandie nicht weniger als 227 Panzer der Alliierten zerstört zu haben.

Die Ostfront

In den Jahren 1943 und 1944 behauptete sich der Tiger auch an der Ostfront hervorragend. Dort wurde er regelmäßig vom Heer eingesetzt, um sich den massiven Vorstößen der sowjetischen Panzertruppe entgegenzustemmen. Ab Mitte 1944 gab es allerdings einen stärkeren Gegner in der Form der neuen schweren Panzer der Reihe Josef Stalin (JS). Als die Tiger I im Mai 1944 bei Targul Framos in Rumänien das erste Mal auf die sowjetischen JS-II trafen, stellten sie zu ihrem Schrecken fest, daß die 8,8-cm-Kanonen nicht mehr

UNTEN *Ein Tiger I mit der braun-sandgelben Wüstentarnung für Nordafrika. Bei diesem Fahrzeug sind die Ersatzkettenglieder am Turm angebracht. Dieses Verfahren war beim Tiger I recht selten, aber beim Königstiger allgemein gebräuchlich.*

OBEN *Eine Tiger-I-Kolonne rückt im Herbstregen langsam durch das schlammige Gelände an der Ostfront vor. Im Vordergrund ist ein Panzerkommandant zu sehen, der in der offenen Turmkuppel steht.*

ausreichten, um die Panzerung des JS-II auf Entfernungen von über 1800 Metern zu zerstören. Gingen sie näher an den Gegner, waren sie selber durch die mächtige 12,2-cm-Kanone der sowjetischen Panzer stark gefährdet. Anfang 1945 mußte die Wehrmacht auch noch feststellen, daß die Kanone des Tiger die Frontpanzerung der neuen sowjetischen JS-III nur auf Entfernungen von weniger als 500 Metern durchschlagen konnte, wohingegen der JS-III die Panzerung des Tiger sogar auf 2000 Meter noch zerstören konnte. Während der letzten 18 Monate des Krieges bot die ungünstig angebrachte Panzerung des Tiger dann kaum noch einen echten Schutz, denn die Alliierten führten ab dieser Zeit immer bessere und immer schwerere Panzerabwehrkanonen und Bordkanonen ein.

Der Schwanengesang des Tiger I

Angesichts der Tatsache, daß die Produktion des Tiger I im Juni 1944 nach nur 1350 Fahrzeugen eingestellt wurde und die Verluste in den folgenden sechs Monaten immer höher wurden, verwundert es nicht, daß der Tiger I Ende 1944 bereits eine recht seltene Erscheinung war. Das Heer hatte im Verlauf des Sommers 1944 fast alle 130 Tiger verloren, die im Westen eingesetzt waren. Bei der Ardennen-Offensive waren es nur noch 23 Tiger I, die über die gesamte Westfront verteilt waren. So waren bei der Schlacht 52 neue PzKpfw VI Ausf B Königstiger beteiligt, aber nur noch ein einziger

Tiger I, der auch noch bei der Offensive verlorenging. Durch die Verluste in Italien und an der Ostfront waren die im Juni 1944 noch einsatzbereiten Tiger I bis zum Dezember auf magere 210 Fahrzeuge geschrumpft. Bis zum Februar 1945 waren im gesamten Heer nur noch 185 Tiger I vorhanden. Im März mußte die Wehrmacht beim Vormarsch der Alliierten so kräftige Verluste hinnehmen, daß am 1. April 1945 nur noch etwa 70 Tiger I und Königstiger einsatzbereit waren.

Im März 1945, als die Alliierten sich daranmachten, in das Deutsche Reich einzudringen, mobilisierten die deutschen Truppen ihre allerletzten Reserven. Sie schlossen und mobilisierten die Truppenschulen, warfen Ausbilder, unerfahrene Rekruten und alle verfügbaren Schulfahrzeuge in das Gefecht und versuchten verzweifelt, die drohende Niederlage doch noch abzuwenden. Im Westen stellte das Personal der Panzerschule Paderborn das 500. schwere Panzerausbildungsbataillon auf und griff auf sieben alte Tiger I und zehn

UNTEN *Ein Bild des seltenen Bergetiger. Da die vorhandenen Bergepanzer mit dem Gewicht des Tiger I überfordert waren, ließ die Wehrmacht einige Tiger I zu Bergepanzern umrüsten. Die hintere Bewaffnung wurde für diesen Zweck durch eine kräftige Winde ersetzt.*

Königstiger zurück, die bis dahin nur Schulzwecken gedient hatten. Das Bataillon sollte zwei starke Angriffszangen der Alliierten aufhalten, die das lebenswichtige Ruhrgebiet einkesseln sollten. Allerdings hatte das Bataillon in dieser Konstellation keine Chance und wurde rasch vernichtet. Im Osten wurde die Panzerdivision Müncheberg, von der Stärke her allenfalls eine Brigade, aus den Stäben verschiedener Schulen zusammengestellt und mit einigen Tiger I ausgestattet, die vorher Forschungszwecken gedient hatten. Dieser Verband kämpfte verzweifelt gegen die sowjetischen Panzer, die sich schnell der Reichshauptstadt näherten, wurde aber am Ende ebenfalls vernichtet. Die wenigen restlichen Tiger, die in den letzten zwei Kriegswochen noch einsatzbereit waren, sind anscheinend mit dem Rest des deutschen Heeres im Kampfgetümmel untergegangen.

RECHTS *Eine Kolonne Tiger I bringt während der deutschen Verteidigung gegen die sowjetische Sommeroffensive in Litauen am 20. August 1944 Fallschirmjäger zum Einsatz. Ein paar Helme sind an den Kettengliedern links am Turm angehängt.*

PANZER VI B KÖNIGSTIGER

Die außergewöhnlich starke Bordkanone des Königstiger sorgte zusammen mit der schweren, günstig abgewinkelten Panzerung dafür, daß die Alliierten ihn mehr fürchteten als jeden anderen deutschen Panzer. Er wurde aber zu spät und in zu geringer Zahl eingeführt, um den Sieg der Alliierten im Mai 1945 verhindern zu können.

Der letzte wichtige Panzer, den Deutschland im Krieg entwickelte und einsetzte, war der PzKpfw VI Ausf B Tiger II, normalerweise als Königstiger bezeichnet. Dieser schwere Panzer war eine logische Weiterentwicklung des Panzerkampfwagens VI Tiger I und verfügte über viele der hervorragenden Konstruktionsmerkmale des mittleren PzKpfw V Panther, unter anderem die vorteilhaft abgeschrägte Panzerung. Damit sah er auf den ersten Blick dem kleineren Panther durchaus ähnlich. Der Königstiger war zwar ein ausgezeichneter Panzer, blieb aber eine äußerst rare Erscheinung, denn das Heer setzte in den letzten 14 Monaten des Krieges gerade einmal 489 Königstiger ein. Dank der Verbindung aus der tödlichen Feuerkraft seiner Kanone, der annähernden Immunität gegen das Feuer der Alliierten und der flachen, eckigen Erscheinung machte der Königstiger auf die Alliierten mehr Eindruck, als aufgrund der geringen Zahl der Fahrzeuge gerechtfertigt gewesen wäre. Die Furcht vor diesem Panzer war bei den Alliierten sogar noch größer als die vor dem Tiger I.

Entwicklungsgeschichte

Die Ursprünge des Königstiger lassen sich auf die Führerkonferenz vom 26. Mai 1941 zurückführen, die unmittelbar vor der Invasion der Sowjetunion stattfand. Bei dieser Konferenz wurde entschieden, daß das Heereswaffenamt die laufenden Forschungs- und Entwicklungsprogramme zu einem schweren Panzer in der 35- bis 45-Tonnen-Klasse vorantreiben sollte. Sowohl Henschel als auch Porsche waren an der Entwicklung beteiligt. Gleichzeitig hatte das Waffenamt der Firma Krupp den Auftrag erteilt, eine verbesserte Bordkanone auf der Grundlage der Flugabwehrkanone 8,8-cm-FlaK 41

LINKS Die Frontansicht eines Königstiger zeigt eindrucksvoll die Länge der vorn überhängenden 8,8-cm-Kanone und die wohlgeformte Panzerung der Wanne. Die Besatzung hat den Panzer eher notdürftig mit Laubwerk getarnt.

OBEN *Die unebene, zementartige Oberfläche der Zimmerit-Paste ist an diesem Königstiger gut zu erkennen. Dieses Fahrzeug besitzt die breiten Einsatzketten. Seitlich am Turm sind Halterungen für zusätzliche Kettenglieder zu erkennen.*

zu entwickeln. Im Sommer 1941 erhielten diese Entwicklungsprogramme eine neue Dringlichkeit, nachdem die Wehrmacht auf die überlegenen sowjetischen Panzer, den mittleren T34 und den schweren KV, getroffen war. Von nun an lag das Ziel der Projekte darin, einen schweren Panzer zu entwickeln, der mehr Feuerkraft und dank einer schrägen Panzerung besseren Schutz bot als die vorhandenen sowjetischen Panzer, aber auch als jeder Panzer, den die Sowjets in der folgenden Zeit entwickeln würden. So erteilte das Heereswaffenamt im August 1942 Porsche und Henschel den offiziellen Auftrag, einen schweren Panzer zu entwickeln, der diesen Forderungen gerecht wurde.

Gegen Ende 1942 hatte Porsche mit der Arbeit an drei Prototypen begonnen. Sie liefen unter der Bezeichnung P2 und besaßen einen Krupp-Turm mit der Bordkanone 8,8-cm-KwK 43 L/56 aus dem Tiger I. Ferdinand Porsche stellte diese Fahrzeuge niemals fertig, zum einen, weil er sich offensichtlich mit Mitgliedern der Nazi-Hierarchie anlegte, zum anderen aber wohl auch, weil zum Bau des Tiger P2 große Mengen an Kupfer nötig gewesen wären, und dieses Material war Ende 1942 schon sehr knapp.

Die Henschel-Prototypen Tiger H3 kamen auch nicht so recht voran, weil ständig die Vorgaben geändert wurden. Im Januar 1943 schritt Hitler persönlich ein und befahl, die Panzerung der Königstiger-Prototypen auf 185 Millimeter an der Front und 80 Millimeter an den Seiten zu verstärken. Andere Modifikationen ergaben sich aus der Notwendigkeit, die Produktion mit der des Panther II zu vereinheitlichen. Der Wehrmacht waren, wenn auch verspätet, die Vorteile der Standardisierung klar geworden.

Im Oktober 1942 erteilte das Heereswaffenamt Henschel den Auftrag, 176 Königstiger mit einer neuen, längeren Kanone zu bauen, die mit der Bezeichnung Pak 43/3 L/71 versehen wurde. Nachdem der Auftrag für den Porsche-Panzer im November 1942 storniert worden war, erhielt Henschel einen Vertrag über insgesamt 526 Fahrzeuge. Bis zum Ende des Krieges sammelte das Werk in Kassel sogar Aufträge über insgesamt 1500 Königstiger. Die ersten 50 Serienmodelle verfügten noch über den Porsche-Turm des Tiger P2. Dieser Turm mit der auffälligen runden Front und der nach links versetzten Kommandantenkuppel hob sich auf den ersten Blick von dem massiven, eckigen Henschel-Turm ab. Nachdem das Werk in Kassel die 50 bereits vorhandenen Porsche-Türme eingebaut hatte, wurde diese Form aufgegeben, weil Versuche gezeigt hatten, daß sie einen Treffer in die empfindliche Verbindung zwischen dem Turm und der Oberseite der Wanne leiten konnte.

Nach der Fertigstellung der drei Vorserienfahrzeuge im Dezember 1943 lieferte Henschel im Januar 1944 bereits die ersten drei Serienfahrzeuge aus. Im Februar liefen neben 95 Tiger I bereits acht Königstiger in Kassel von den Bändern. Im Lauf des Jahres 1944 rückte der Königstiger allmählich immer weiter in den Vordergrund, bis schließlich die Produktion des älteren Tiger I im September 1944 eingestellt wurde. Im März 1945 lief nach 15 Produktionsmonaten auch der Königstiger aus. Bis dahin hatte Henschel 489 Königstiger, darunter 20 Befehlswagen, gebaut. Die Vorgaben wurden während der Bauzeit immer höher. Sollten in der ersten Hälfte des Jahres 1944 noch 45 Panzer pro Monat gebaut werden, so waren es im Oktober 1944 schon 120. In der Realität war die tatsächliche Produktion weit von diesen Vorgaben entfernt. Der Höhepunkt wurde im August 1944 mit 94 Königstigern erzielt, und die Gesamtproduktion erreichte längst nicht die bis März 1945 geforderten 659 Fahrzeuge. Die Alliierten hatten zwischen dem 22. September und dem 7. November 1944 fünf Luftangriffe auf das Werk in Kassel durchgeführt. Nach dem fünften Angriff war es nur noch eine Ruine. Diese Angriffe hatten schwere Folgen für die Produktion des Königstiger. Waren es im August 1944 noch 94 Fahrzeuge gewesen, so konnte Henschel im Oktober 1944 nur noch 26 der anvisierten 120 Panzer bauen.

Der Königstiger war mit 69,4 Tonnen ein extrem schwerer Panzer. Die Hauptbewaffnung bestand aus der hervorragenden, langen Kanone 8,8-cm-KwK 43/3 L/71. Das Rohr hatte eine Länge von nicht weniger als 5,8 Metern, mehr als ein ganzer Panzerkampfwagen III! Der Königstiger führte 84 Schuß für die Bordkanone mit, davon 22 Schuß hinten im Turm und weitere 48 Schuß in Staukästen hinter der Seitenverkleidung der Wanne. Für die Selbstverteidigung sorgten zwei MG 34, eines koaxial im Turm montiert und das zweite in einer Kugelblende in der Frontpanzerplatte. Außerdem verfügte die Kommandantenkuppel über eine Halterung für ein externes Fla-MG.

Der Königstiger war von vorn hervorragend geschützt, denn er verfügte über eine 185 Millimeter dicke Panzerung vorn am Turm und eine 150 Millimeter starke Frontplatte an der Wanne, die in einem Winkel von 40 Grad befestigt war. Das Heck und die Seiten waren ebenfalls mehr als ausreichend geschützt. Sie verfügten über 80 Millimeter dicke Platten in Winkeln zwischen 60 und 80 Grad. Der massive Königstiger wurde vom kräftigen Maybach-V12-Vergasermo-

UNTEN *Dieser Königstiger, Fahrzeug 104, hat im Gefecht schon einiges einstecken müssen. Er hat die seitlichen Schürzen verloren, die Zimmerit-Paste ist teilweise abgesprungen und Teile des Abschleppseils hängen hinten rechts vom Fahrzeug herunter.*

OBEN *Die Ansicht eines Königstiger im zweifarbigen Tarnanstrich von schräg vorne. Auf diese Weise kommt der eckige, glatte Turm der Firma Henschel gut zur Geltung. An den Halterungen der Turmseite ist ein Kettenabschnitt befestigt.*

tor HL 230 P 45 mit 700 PS angetrieben. Dieser Motor sorgte für eine noch akzeptable Höchstgeschwindigkeit von 38 km/h auf der Straße. Die im Gelände erreichbaren 17 km/h nahmen sich schon wesentlich bescheidener aus. Angesichts des hohen Benzinverbrauchs mußte der Panzer viel Kraftstoff mitführen (insgesamt 860 Liter in sieben Tanks), um wenigstens eine Reichweite von 110 Kilometern auf der Straße und 85 Kilometern im Gelände sicherzustellen.

Der Königstiger genoß bei den Alliierten im Zweiten Weltkrieg zu Recht den Ruf der Unverwundbarkeit. Die 150 bis 185 Millimeter dicke Frontpanzerung konnte von keiner Bordkanone oder Panzerabwehrkanone der Alliierten durchbrochen werden. Es gibt keinen einzigen Beleg dafür, daß dieses Kunststück den Alliierten auch nur einmal gelungen wäre. Anders sah es mit der seitlichen und hinteren 80-mm-Panzerung aus: Hier konnten die Alliierten mit Mehrfachtreffern durchaus Erfolge erzielen, besonders beim Einsatz der britischen 17-Pfund-Bordkanonen und -Panzerabwehrkanonen. Der sowjetische mittlere Panzer T34/85 konnte auf Entfernungen von unter 1500 Metern die seitliche Panzerung des Königstiger durchschlagen, dem schwe-

reren JS gelang das sogar über noch größere Entfernungen. Natürlich konnte der Königstiger auch durch einen Treffer in die Kette bewegungsunfähig gemacht werden. Dabei spielte es keine Rolle, ob dieser Treffer von einem Jagdbomber, einem Artilleriegeschütz oder einer Panzerabwehrkanone kam. Viele Königstiger gingen sogar erst auf dem Rückzug aufgrund von technischen Mängeln oder wegen Mangels an Kraftstoff verloren.

Der Königstiger erfreute sich aufgrund seiner Kanone eines noch größeren Rufs als der Tiger I. Die längere 8,8-cm-Kanone des Königstigers konnte die Sherman und Cromwell der Alliierten über eine Entfernung von bis zu 3200 Metern aus jedem beliebigen Winkel zerstören. Das beträchtliche Gewicht und der hohe Benzinverbrauch machten aber aus dem Königstiger ein relativ langsames, unbewegliches Fahrzeug. Ihm war praktisch keine Brücke gewachsen. Natürlich litten die ersten Exemplare auch an Kinderkrankheiten: Besonders der Antrieb war permanent überfordert. Die ersten fünf Serienfahrzeuge, die alle an die Panzerlehrdivision gingen, mußten wegen ihrer chronischen Unzuverlässigkeit verschrottet werden, bevor sie überhaupt in der Normandie hätten eingesetzt werden können. In der Folge nahm der Königstiger dann, ähnlich wie der Tiger I, eine taktische Rolle als unbewegliches Feuerunterstützungsmittel aus festen Verteidigungsstellungen heraus ein.

Befehlswagen

Im Rahmen der Serienproduktion des Königstigers baute Henschel auch 20 Befehlswagen. Dieses Führungsfahrzeug führte weniger Munition für die Bordkanone mit (63 anstelle 84 Schuß), um Platz für eine aufwendige Funkanlage zu schaffen. Von diesem Befehlswagen gab es zwei Versionen: die erste hatte neben dem üblichen 10-Watt-Funkgerät einen 30-Watt-Funksender Fu 8 im Turm, während die zweite Version anstelle des Fu 8 über einen 20-Watt-Funksender Fu 7 verfügte.

Der Königstiger im Gefecht

Der Königstiger wurde nur an einige wenige, ausgewählte selbständige Panzerbataillone des Heeres und der Waffen-SS ausgegeben. Diese Verbände stellten die Reserve auf der Korpsebene und wurden den Divisionen je nach Bedarf unterstellt. Die Wehrmacht gab 468 Königstiger an die Kampftruppen aus und setzte 21 weitere Fahrzeuge für Ausbildungs- und Entwicklungszwecke ein. Die Gesamtzahl der eingesetzten Königstiger stieg von fünf im März 1944 bis auf 175 im September des gleichen Jahres. Starke Verluste und Unterbrechungen bei der Produktion ließen diese Zahl im November 1944 auf 145 absinken. Da die Produktion noch einmal gesteigert werden konnte, wurde im Februar 1945 die Höchstzahl von 219 Königstigern erreicht.

Nur 13 deutsche Kampfeinheiten erhielten den Königstiger: eine Kompanie der Panzerlehrdivision, neun selbständige schwere Panzerbataillone des Heeres (das 500. Ausbildungsbataillon, das 501., 503., 505. bis 507. und das 509. bis 511. Bataillon) wie auch die drei selbständigen schweren SS-Panzerbataillone, die ursprünglich als 101. bis 103. Panzerbataillon bezeichnet wurden. Im März 1944 erhielt die 319. schwere Panzerkompanie der Panzerlehrdivision die ersten fünf Serienfahrzeuge. Sie war damit die einzige Division, die in ihrer Kriegsgliederung offiziell über den Königstiger verfügte. Die Kompanie erhielt fernbediente Kleinpanzer mit Sprengladungen, die mit den fünf Königstigern und den zwei Tiger I der Kompanie zusammen eingesetzt werden sollten. Der nächste Verband des deutschen Heeres, der den Königstiger erhielt, war das 503. schwere Panzerbataillon. Dieser Verband wurde im Juni 1944 in Deutschland neu ausgerüstet, nachdem er die meisten seiner Tiger I verloren hatte. Er erhielt zunächst zwölf Königstiger und wurde nach dem Empfang zwölf weiterer dieser Panzer Ende Juni

UNTEN *Dieser zerstörte Königstiger mit Henschel-Turm ist von seiner Besatzung aufgegeben worden, nachdem er seine rechte Kette verloren hatte. Der Königstiger war ein ausgezeichneter Kampfpanzer, aber viele Fahrzeuge erreichten wegen mechanischer Schäden nicht einmal ihr Einsatzgebiet an der Front.*

1944 nach Frankreich beordert. Diese Fahrzeuge sind wohl beim hastigen Rückzug der deutschen Truppen im Westen im August/September 1944 verlorengegangen. Auch die 1. Kompanie des 101. schweren Panzerbataillons verlor seine 14 Königstiger.

Das 506. schwere Panzerbataillon erhielt 45 Königstiger, mehr als jeder andere deutsche Verband. Das Bataillon schlug den Widerstand der Briten bei Arnheim nieder und kämpfte bis zum 8. Mai 1945 an der Westfront. Es zählte auch zu den wenigen Verbänden, die an der Front neue Königstiger erhielten.

Im September 1944 wurde die 1. Kompanie des 101. schweren SS-Panzerbataillons (das bald darauf zum 501. SS-Panzerbataillon umbenannt wurde, was zu Verwechslungen mit dem gleichnamigen Verband des Heeres führte) komplett mit dem neuen Königstiger ausgestattet. Anfang Dezember 1944 hatte die Wehrmacht das SS-Panzerbataillon für die Ardennen-Offensive vorgesehen. Allerdings hatten

OBEN *Dieses berühmte Bild charakterisiert die Rolle des Königstiger bei der Ardennen-Offensive. Panzer 222 des 501. schweren SS-Panzerbataillons, das zur Kampfgruppe Peiper gehört, befindet sich an der Kreuzung Kaiserbaracke, südlich von Peipers Angriffsachse.*

Verzögerungen bei der Produktion, verursacht durch die Bombenangriffe der Alliierten, dazu geführt, daß das Bataillon kurz vor der Offensive nur über 28 Königstiger verfügte, 17 weniger als erforderlich. Das Oberkommando erkannte, daß Henschel nicht in der Lage war, innerhalb von zwei Wochen weitere Fahrzeuge zu bauen. So war es gezwungen, die bereits ausgelieferten elf Königstiger des 509. schweren Panzerbataillons wieder abzuziehen und dem 501. SS-Panzerbataillon zuzuweisen. Jetzt mußten schon die eigenen Einheiten ausgeplündert werden! Auch nach dem Empfang dieser zusätzlichen Panzer konnte das 501. SS-Panzerbataillon die Ardennen-Offensive nur mit 30 Königstigern beginnen, denn neun der Panzer waren während der Verlegung an die Front liegengeblieben. Bei diesem hoffnungslosen Versuch, die Alliierten zurückzuwerfen und Antwerpen zurückzuerobern, verlor das Bataillon 13 seiner 30 Königstiger.

Die Ardennen-Offensive ist die Schlacht im Zweiten Weltkrieg, die im allgemeinen mit dem Königstiger verbunden wird. In der Realität fiel die Rolle dieses Panzers bei der Offensive wesentlich bescheidener aus, als meistens angenommen wird. Drei selbständige schwere Panzertruppenteile setzten den Königstiger im Rahmen der Ardennen-Offensive ein: das 506. Bataillon und die 306. Kompanie des Heeres sowie das 501. SS-Panzerbataillon. Diese Truppenteile brachten zusammen 52 Königstiger in das Gefecht, fast ein Drittel aller vorhandenen Fahrzeuge dieses Typs. Das 501. SS-Panzerbataillon hatte 30 Königstiger und einen einzelnen Tiger I, während die beiden anderen Truppenteile jeweils über 11 Königstiger verfügten.

Der bekannteste deutsche Verband, der an der Ardennen-Offensive teilnahm, war die SS-Kampfgruppe Peiper, die Speerspitze der 1. SS-Panzerdivision Leibstandarte Adolf Hitler. Die Königstiger des 501. SS-Panzerbataillons waren der Leibstandarte unterstellt worden und wurden Peipers

Kampfgruppe zugeschlagen. SS-Obersturmbannführer Joachim Peiper hatte den Auftrag, jeden Angriffserfolg der Wehrmacht so schnell wie möglich auszunutzen, um den Vorstoß auf Antwerpen voranzutreiben, bevor die Alliierten reagieren konnten. Das Gelände, das die Kampfgruppe überwinden mußte, war ausgesprochen schwierig. Es gab nur wenige enge Straßen inmitten der hügeligen und stark bewaldeten Ardennen. Mit seiner Größe und seinem Gewicht war der Königstiger für diese Aufgabe denkbar ungeeignet. Deshalb entschied sich Peiper, seine Kampfgruppe von einem gemischten Bataillon der beweglicheren PzKpfw IV und V anführen zu lassen, und setzte die Königstiger ganz hinten ein. Sie hatten den Auftrag, mit der Speerspitze so gut wie möglich mitzuhalten. Doch, wie erwartet, waren sie bald schon weit abgeschlagen.

OBEN *Britische Kriegsgefangene holen für die Besatzungen der 1. Kompanie des 503. schweren Panzerbataillons Vorräte. Diese Einheit verfügt über Panzer mit Porsche-Turm. Sie hat im Juli 1944 in einem Wald Stellung bezogen, um vor den Angriffen der alliierten Jagdbomber sicher zu sein.*

TECHNISCHE DATEN: Panzerkampfwagen VI Ausf B Königstiger (Sdkfz 182)

ALLGEMEINE DATEN
Art des Fahrzeugs: schwerer Panzer
Indienststellung: Anfang 1944
Besatzung: fünf Mann
Kampfgewicht: 69,4 t (erste 50 Fahr-zeuge mit Porsche-Turm 69,7 t)

ABMESSUNGEN
Länge über alles: 10,26 m
Länge der Wanne: 7,26 m
Breite: 3,75 m im Einsatz; 3,27 m beim Transport
Höhe: 3,09 m

BEWAFFNUNG
Hauptbewaffnung: 8,8-cm-KwK 43/3 L/71
Nebenbewaffnung: 2x 7,92-mm-MG 34, 1x koaxial im Turm und 1x Bug, Vorrichtung

für 7,92-mm-Fla-MG 42 auf dem Turmdach, Nebelwerfer

MUNITIONSVORRAT
Hauptbewaffnung: 84 Schuß
Nebenbewaffnung: 5850 Schuß

PANZERUNG
Wanne vorn (Bug): 100 mm (im Winkel von 40°)
Wanne vorn (Platte für den Fahrer): 150 mm (im Winkel von 40°)
Wanne seitlich: 80 mm (im Winkel von 65° bis 90°)
Wanne hinten: 80 mm (im Winkel von 60°)
Turm vorn: 185 mm (im Winkel von 80°)
Turm seitlich: 80 mm (im Winkel von 69°)

Turm hinten: 80 mm (im Winkel von 70°)
Turm oben: 44 mm (im Winkel von 0° bis 10°)

ANTRIEB
Motor: V12-Motor Maybach HL 230 P30
Leistung: 700 PS
Tankinhalt: 860 l

FAHRLEISTUNGEN
Höchstgeschwindigkeit Straße: 38 km/h
Höchstgeschwindigkeit Gelände: 17 km/h
Reichweite Straße: 110 km
Reichweite Gelände: 85 km

Sechs Königstiger des 501. SS-Panzerbataillons stießen etwas weiter südlich vor, um den Verkehr hinter Peipers Kräften nicht aufzuhalten. Sie brachten jeweils 20 deutsche Fallschirmjäger der 3. Fallschirmjägerdivision in das Gefecht. Diese wenigen Königstiger sind es, die in einem erbeuteten Propagandafilm auftauchen und das Bild des Königstigers in der Offensive geprägt haben. Sie waren auch in die erbitterten und letztendlich nutzlosen Kämpfe verwickelt, mit denen die Deutschen die Brücke bei Stavelot einnehmen und damit eine weitere Marschstraße eröffnen wollten.

Bei den Hauptkräften von Peiper konnten die zehn Königstiger erst zu den PzKpfw IV und V in der Speerspitze aufschließen, nachdem der Vormarsch der Gruppe am 20. Dezember 1944 bei Stoumont aufgehalten wurde. Am nächsten Tag wurde Peiper durch die Gegenstöße der Alliierten bei La Gleize eingeschlossen und war von jeglicher Versorgung abgeschnitten. In der Nacht vom 23. auf den 24. Dezember 1944 hatte die Kampfgruppe Peiper ihre letzten Vorräte an Munition und Kraftstoff verbraucht und war gezwungen, sich zu Fuß abzusetzen. Die Gruppe gab ihre 35 Panzer auf, darunter sechs Königstiger, und machte sie kampfunfähig, damit sie nicht intakt in die Hände der Alliierten fallen konnten. Damit war die Kampfgruppe Peiper praktisch vernichtet. Am 25. Dezember 1944 wurde der Verband aufgelöst, und die Reste wurden vom Stammverband, der Leibstandarte, aufgenommen, die zur Umgliederung und Erholung von der Front abgezogen wurde.

Das 501. schwere SS-Panzerbataillon verlor während der heftigen Kämpfe mit der Kampfgruppe Peiper 13 Königstiger. Wie brutal die Kämpfe waren, zeigt die Tatsache, daß die Männer von Peiper 77 alliierte Kriegsgefangene in der Nähe von Malmédy umbrachten. Die Propaganda der Alliierten stellte die Leistungen ihrer Luftwaffe bei der Zerstörung dieser riesigen Panzer ganz besonders heraus, in Wahrheit aber hatten die Deutschen ihre Panzer wegen Motorschäden, Verkehrsunfällen, Kettenschäden oder Benzinmangel längst aufgegeben, bevor sie von den Flugzeugen der Alliierten zerstört wurden.

Der Zusammenbruch von Peipers nördlichem Vorstoß bedeutete aber keineswegs, daß das Oberkommando keine Aufträge mehr für die Leibstandarte hatte. Als die Alliierten sich allmählich erholten, versuchte die Wehrmacht die Initiative zurückzugewinnen, indem sie ihren Schwerpunkt nach Süden in die Gegend von Bastogne verlegte. Die Stadt war schon früher im Rahmen der Offensive eingeschlossen worden, es war aber nicht gelungen, den Kessel zu zerstören. Die Alliierten leisteten nämlich erbitterten Widerstand, und

der amerikanische Kommandeur lehnte die Aufforderung, sich zu ergeben, schroff ab. Am 25. Dezember 1944 gelang es den Alliierten, die Verbindung zur Garnison Bastogne wiederherzustellen. Daraufhin verlegte die Wehrmacht die Leibstandarte mit den verbliebenen 17 Königstigern und dem einen Tiger I nach Bastogne, um die Bemühungen zur Einschließung der Stadt zu unterstützen.

In den Gefechten rund um Bastogne verlor das 501. SS-Panzerbataillon seinen letzten Tiger I und drei Königstiger. Zwei davon wurden durch das Feuer der Alliierten zerstört. Im südlichen Bereich der Ardennen-Offensive verloren das 506. schwere Panzerbataillon und die 306. Tigerkompanie ebenfalls mehrere Königstiger. Ein Königstiger des 506. Bataillons wurde von den Panzern der 6. amerikanischen Armored Division zerstört, nachdem er insgesamt acht Treffer einstecken mußte. Zusammengenommen verlor die Wehrmacht während der Ardennen-Offensive 20 Königstiger und damit 40 Prozent der eingesetzten Fahrzeuge. Allerdings sind nur fünf der Verluste auf feindliches Feuer zurückzuführen. Die meisten Fahrzeuge mußten aus anderen Gründen aufgegeben werden.

Nach der Niederschlagung der Ardennen-Offensive hatte der Königstiger keine größeren Einsätze mehr im Westen. Gelegentlich leistete einer der schweren Panzer dort noch seinen Beitrag bei der verzweifelten Verteidigung während der letzten Kriegstage. Die letzten 13 Panzer, die Henschel in Kassel noch bauen konnte, wurden praktisch schon an den Werkstoren von zwei frisch aufgestellten Verbänden, dem 510. und 511. schweren Panzerbataillon, in Empfang genommen. Diese Verbände benutzten diese nagelneuen Fahrzeuge zusammen mit vier Königstigern, die ursprünglich für Entwicklungszwecke gedient hatten und die sie bereits vorher aufgenommen hatten. Mit nur 17 schweren Panzern stürzten sich diese dürftig ausgestatteten Verbände in die letzten Kämpfe an der Front, um den Vormarsch der Alliierten quer durch Deutschland im letzten Kriegsmonat noch aufzuhalten.

Der Königstiger an der Ostfront
Bei den erbitterten Kämpfen an der Ostfront 1944/45 war der Königstiger ebenso vertreten wie im Westen. Der erste deutsche Verband, der den Königstiger an der Ostfront einsetzte, war das 501. schwere Panzerbataillon. Das Bataillon war zunächst mit dem Tiger I ausgestattet, aber während der schweren Kämpfe im Sommer 1944 stark dezimiert worden und erhielt daher im August in Deutschland eine komplette Neuausstattung mit 45 Königstigern. Nach schweren Gefechten an der Ostfront wurde das Bataillon bei der sowjetischen Offensive im Januar 1945 praktisch vollständig ver-

nichtet. Die Wehrmachtsführung löste die wenigen Reste des Bataillons auf und verteilte einige der Besatzungen auf die neuen Jagdtiger.

Im August 1944 rüstete das Oberkommando auch das 505. schwere Panzerbataillon komplett mit Königstigern aus und schickte den Verband zurück an die Ostfront. Danach kehrte das 503. Bataillon (später als „Feldherrnhalle" bezeichnet) nach Deutschland zurück, um seine Königstiger zu empfangen und ging Mitte Oktober 1944 nach Ungarn. Bis zum Januar 1945 hatte auch das 509. schwere Panzerbataillon sein Soll von 45 Königstigern erhalten. Dieser Verband hatte ja vor der Ardennen-Offensive elf Königstiger an das 501. schwere SS-Panzerbataillon abgeben müssen. Die Wehrmacht verfrachtete das 509. Bataillon per Eisenbahn nach Ungarn, wo es an der Operation Frühlingserwachen teilnehmen sollte. Mit dieser Offensive sollten die eingeschlossenen deutschen Kräfte in Budapest befreit und die Sowjets von dem letzten Ölfeld ferngehalten werden, das sich noch in den Händen der Achsenmächte befand. Das 509. Bataillon wurde bei seinem Eisenbahntransport am 12. Januar 1945 vom abgekämpften 501. SS-Panzerbataillon begleitet, das noch unter den Folgen der Ardennen-Offensive zu leiden hatte.

Recht ungewöhnlich war die Tatsache, daß die Wehrmacht das 503. schwere Panzerbataillon über ein Jahr auf einem Übungsplatz in Deutschland stationierte, um dort auf die Auslieferung der neuen Königstiger zu warten. Bis zum Januar 1945 hatte das Bataillon 39 schwere Panzer erhalten und wurde dann nach Polen gebracht, um die abbröckelnde deutsche Front gegen die sowjetische Weichsel-Oder-Offensive zu unterstützen. Die verzweifelten Kämpfe an der Reichsgrenze führten später dazu, daß das Bataillon bis zum 20. März 1945 nur noch zwei einsatzbereite Königstiger hatte. Der letzte Königstiger-Verband, den das Oberkommando an die Ostfront schickte, war das 502. SS-Bataillon, das zwischen dem 14. Februar und dem 22. März 1945 insgesamt 31 Königstiger erhielt. Der Verband wurde daraufhin nach Böhmen verlegt, um die Heeresgruppe Mitte bei der Abwehr der sowjetischen Angriffe auf das Reich zu unterstützen. Diese Kämpfe der letzten Königstiger-Verbände wurden mit einer derartigen Schärfe geführt, daß in den vier Monaten zwischen Oktober 1944 und Januar 1945 nicht weniger als 57 Königstiger, also ein Neuntel der gesamten Produktion, an der Ostfront verlorengingen.

RECHTS *Die Panzer des 503. schweren Panzerbataillons auf dem Übungsplatz Sennelager. Das Bataillon hat gerade 43 neue Königstiger empfangen und sie zur Abnahme aufgestellt. Fahrzeug 300 gehört dem Chef der 3. Kompanie.*

Sondereinsätze

Der Königstiger bewährte sich aber nicht nur an der Front: Das Schwergewicht konnte sich auch bei anderen Sondereinsätzen auszeichnen, die eher politischer Natur waren. Am 20. September 1944 beispielsweise erteilte Hitler dem SS-Standartenführer Otto Skorzeny den Auftrag, Ungarn als Verbündeten im Krieg gegen die Sowjetunion zu halten. Am 15. Oktober 1944 befahl das ungarische Staatsoberhaupt,

Admiral Miklos Horthy, seinen Truppen in der Hauptstadt Budapest, ihre Verteidigungsstellungen zu besetzen, und kündigte einen Waffenstillstand mit der Sowjetunion an. Im Rahmen der Operation Panzerfaust landeten die SS-Kräfte von Skorzeny einen Handstreich und nahmen Budapest ein, bevor Horthys Regierung kapitulieren oder zu den Sowjets überlaufen konnte. Neben den SS-Truppen und den Elitefallschirmjägern des 600. SS-Fallschirmjägerbataillons nahmen auch 35 Königstiger des 503. schweren Panzerbataillons an dieser Operation teil. Mit Unterstützung durch diese Panzer stürmten Skorzenys Kommandos die Burgberg-Festung, den Sitz der ungarischen Regierung, innerhalb von 30 Minuten. Nachdem sie den Regierungssitz in ihrer Kontrolle hatten, konnten die Deutschen eine neue faschistische Regierung unter der Führung von Ferenc Szalasi ernennen, die Hitler treu ergeben war.

KAPITEL 17

JAGDPANZER VI JAGDTIGER

Der massive Jagdtiger, der schwerste Panzer, der im Zweiten Weltkrieg zum Einsatz kam, hatte eine tödliche 12,8-cm-Kanone, und das Feuer der Alliierten konnte ihm praktisch nichts anhaben. Er wurde aber nur in ganz geringer Zahl gebaut. Diese Tatsache und seine fehlende Beweglichkeit sorgten dafür, daß der Jagdtiger kaum Einfluß auf das Kampfgeschehen hatte.

In der zweiten Hälfte des Krieges war es beim deutschen Heer allgemein üblich, auf der Grundlage der verschiedenen Kampfpanzer einen Jagdpanzer zu entwickeln, der eine wesentlich größere Bordkanone, allerdings mit einem begrenzten Schwenkbereich, besaß. Mit dieser Politik wollte man möglichst viele gepanzerte Kampffahrzeuge in das Gefecht bringen, denn Panzer ohne Turm ließen sich schneller und einfacher bauen als normale Kampfpanzer. Auch der Königstiger bildete keine Ausnahme: So wurde auf seinem Laufwerk ein schwerer Jagdpanzer gebaut. Das Fahrzeug mit dem Namen Jagdpanzer VI Jagdtiger war ein wahrer Gigant. Es handelte sich um den schwersten deutschen Jagdpanzer mit der größten Kanone überhaupt, die in einem deutschen gepanzerten Vollkettenfahrzeug jemals zum Einsatz kam.

Eine lebensgroße Attrappe des Jagdpanzers VI Jagdtiger wurde im Oktober 1943 vorgestellt, gerade sechs Monate, nachdem das Vorbild, der Kampfpanzer Königstiger, in die Serienproduktion gegangen war. In der Folge wurde ein Prototyp entwickelt, und nach erfolgreichen Truppenerprobungen bestellte das Heereswaffenamt bei der österreichischen Rüstungsfirma Steyr-Daimler-Puch in St. Valentin 150 Fahrzeuge. Diese Firma blieb auch später der alleinige Hersteller des Jagdtiger.

Das Laufwerk des Jagdtiger war im Prinzip eine etwas verlängerte Version des Königstiger-Standardchassis. Steyr-Daimler-Puch zog die Seitenteile der Wanne senkrecht nach oben, um im Aufbau einen Kampfraum beziehungsweise ein Gehäuse zu schaffen, in dem die Bordkanone untergebracht wurde. Rein äußerlich war der Jagdtiger daran zu erkennen, daß er eckiger und höher war als der Jagdpanther. Dem

LINKS Ein Jagdtiger von oben. Man sieht den kastenförmigen Aufbau, der auf das Königstiger-Laufwerk gesetzt wurde. Deutlich erkennbar sind die vier Sehrohre im Turm und die des Fahrers und des Richtschützen in der Wanne.

Königstiger, auf dem er ja basierte, war er nicht unähnlich, es fehlte ihm aber dessen Eleganz. Wegen der hohen Silhouette (der Jagdtiger war 2,82 Meter hoch) bot er leider dem Feind ein ideales Ziel.

Der Jagdtiger verfügte über die massive 12,8-cm-Pak 44 L/55, die größte Kanone, die je in einen deutschen Jagdpanzer oder Kampfpanzer eingebaut wurde, der auch am Gefecht beteiligt war. Diese Kanone erreichte eine ausgezeichnete Mündungsgeschwindigkeit von 920 Metern pro Sekunde, sowohl mit Sprenggeschossen als auch mit panzerbrechenden Geschossen. Der Jagdtiger feuerte die Sprenggeschosse sogar mit höherer Geschwindigkeit ab als die legendäre Panzerabwehrkanone 8,8-cm-Pak 43, während er mit panzerbrechenden Geschossen auch kaum schlech-

TECHNISCHE DATEN: Jagdpanzer VI Jagdtiger (Sdkfz 186) (Henschel)

ALLGEMEINE DATEN
Art des Fahrzeugs: schwerer Jagdpanzer
Indienststellung: Ende 1944
Besatzung: sechs Mann
Kampfgewicht: 71,7 t (Porsche: 69,9 t)
Laufwerk: PzKpfw VI Ausf B Königstiger

ABMESSUNGEN
Länge über alles: 10,66 m
(Porsche: 10,37 m)
Länge der Wanne: 7,80 m
Höhe: 2,82 m (Porsche: 2,92 m)
Breite: 3,63 m (Porsche: 3,59 m)

BEWAFFNUNG
Hauptbewaffnung: 12,8-cm-PaK 44 L/44
(einige Fahrzeuge 8,8-cm-Pak 43/3 L/71)
Schwenkbereich der Bordkanone:
10° links und rechts

Nebenbewaffnung: 1x 7,92-mm-MG 34
im Bug

MUNITIONSVORRAT
Hauptbewaffnung: 38 Schuß
Nebenbewaffnung: 2925 Schuß

PANZERUNG
Wanne vorn (Bug): 100 mm (im Winkel
von 40°)
Wanne vorn (Platte für den Fahrer):
150 mm (im Winkel von 40°)
Wanne seitlich: 80 mm (im Winkel
von 90°)
Wanne hinten: 80 mm (im Winkel
von 60°)
Aufbau vorn: 250 mm (im Winkel
von 75°)
Aufbau seitlich: 80 mm (im Winkel
von 65°)

Aufbau hinten: 80 mm (im Winkel
von 80°)
Aufbau oben: 30 mm (im Winkel von 0°)

ANTRIEB
Motor: V12-Motor Maybach HL 230 P30
Leistung: 700 PS
Tankinhalt: 865 l

FAHRLEISTUNGEN
Höchstgeschwindigkeit Straße:
38 km/h
Höchstgeschwindigkeit Gelände:
17 km/h
Reichweite Straße: 170 km
Reichweite Gelände: 121 km

ter war. Außerdem hatte die Kanone des Jagdtiger eine Höchstreichweite von 22.410 Metern, also beträchtlich mehr als die Pak 43. Beim Einsatz panzerbrechender Geschosse konnte der Jagdtiger eine 230 Millimeter dicke Panzerung auf 1000 Meter durchschlagen. Sogar auf die große Entfernung von 3000 Metern war die Bordkanone immer noch in der Lage, sagenhafte 173 Millimeter zu durchschlagen. Einfach gesagt: Kein Panzer der Alliierten konnte dieser extrem starken Kanone standhalten.

Ursprünglich hatte die Wehrmacht die 12,8-cm-Pak 44 als hochleistungsfähige Panzerabwehrkanone zur Ergänzung der Pak 43 entwickeln lassen. Die Produktion einer brauchbaren Plattform für diese Waffe verzögerte sich jedoch im Jahr 1944 immer mehr, und es sah viele Monate lang danach aus, als ob diese Waffe niemals im Krieg zum Einsatz kommen würde. Daher entschied sich das Rüstungsministerium, die in den ersten sechs Monaten produzierten Kanonen in den Jagdtiger einzubauen. Wäre die Pak 44 in der ursprünglich geplanten Rolle zum Einsatz gekommen, hätte sie sich sicherlich einen Ruf erworben, der den der berühmten 8,8-cm-Kanone noch weit übertroffen hätte.

Die Vorzüge dieser Kanone konnten jedoch durch den begrenzten Munitionsvorrat nicht voll zum Tragen gebracht werden. Der Jagdtiger konnte nur 38 Schuß mitführen, weniger als jedes andere gepanzerte Kampffahrzeug der Wehrmacht. Der Grund dafür lag in erster Linie im Gewicht der

großen 12,8-cm-Geschosse. Sie waren so schwer, daß sie in zwei Hälften geteilt werden mußten, die jedoch recht einfach zusammengefügt werden konnten. Diese Maßnahme war zwar unumgänglich, hatte aber natürlich ihre Auswirkungen auf die Feuergeschwindigkeit.

Nicht jedem Jagdtiger war es allerdings vergönnt, diese hervorragende Kanone zu erhalten. Anfang 1945 war die 12,8-cm-Kanone so knapp, daß Steyr-Daimler-Puch gezwungen war, in die letzten 26 der insgesamt 77 Jagdtiger die 8,8-cm-L/71-KwK 43 aus dem Königstiger einzubauen. Die 12,8-cm-Bordkanone des Jagdtiger hatte den üblichen Schwenkbereich der meisten deutschen Jagdpanzer dieser Zeit: Eine Erhöhung zwischen plus 15 und minus sieben Grad und einen seitlichen Schwenkbereich von jeweils zehn Grad nach links und rechts. Wie bei allen turmlosen Panzerfahrzeugen mußte das gesamte Fahrzeug geschwenkt werden, um Ziele außerhalb dieses Feuerbereichs zu bekämpfen. Dann waren die empfindlichen Seiten dem feindlichen Feuer ausgesetzt. Dieser taktische Nachteil war die logische Konsequenz der Entscheidung, durch die Konzentration auf die billigeren, turmlosen Kampffahrzeuge die

Gesamtproduktion zu steigern. Neben der großen Bordkanone verfügte der Jagdtiger zur Selbstverteidigung noch über das übliche 7,92-mm-MG 34 mit Kugelblende im Bug der Wanne. Daneben besaß dieser Jagdpanzer auch noch ein externes 7,92-mm-Fla-MG auf dem Dach des Motorraums. Diese Waffe wurde angebracht, weil die Wehrmacht in den letzten 18 Monaten des Krieges immer mehr mit den Luftangriffen der Alliierten zu kämpfen hatte.

Die Panzerung des Jagdtiger war genauso gewaltig wie seine Bordkanone. Das Fahrzeug verfügte über eine Frontplatte am Aufbau, die nicht weniger als 250 Millimeter dick und in einem Winkel von 75 Grad angebracht war. So konnte der Jagdtiger zumindest von vorn jedem Angriff der alliierten Panzer und Panzerabwehrkanonen standhalten. Die Seiten des Aufbaus waren mit 80 Millimeter weniger stark gepanzert, und die auf dem Dach aufgeschraubte Platte war sogar nur 30 Millimeter dick. So konnten die Alliierten den Jagdtiger durchaus bezwingen: Sie mußten ihn nur von der Seite treffen. Auch die Ketten waren natürlich weiterhin verwundbar. Wenn der Besatzung diese Panzerung noch nicht genügte, konnte sie nach dem Vorbild des Königstiger Ersatzkettenglieder seitlich an der Wand befestigen. Gerade diese schwere Panzerung sorgte für das kolossale Gewicht des Jagdtiger. Mit 71,7 Tonnen war er das schwerste gepanzerte Kampffahrzeug, das überhaupt im Zweiten Weltkrieg eingesetzt wurde.

Um dieses Ungeheuer zu zähmen, brauchte man eine Besatzung von sechs Mann. Kein anderer deutscher Panzer hatte eine so große Besatzung. Der Jagdtiger verfügte über den gleichen Maybach-V12-Vergasermotor HL 230 TR wie der Tiger I, der Königstiger und der Jagdpanther. Aber selbst dieser mächtige Motor war mit dem schweren Fahrzeug überfordert und sorgte für überaus behäbige Fahrleistungen. Der Jagdtiger schaffte zwar immerhin 38 km/h auf der Straße, doch im Gelände waren es nur noch bescheidene 17 km/h. Und selbst auf der Straße war der Benzinverbrauch gewaltig: der Jagdtiger schluckte fünf Liter pro Kilometer und war damit eines der durstigsten Fahrzeuge überhaupt im Krieg. Der Bewegungsbereich war dementsprechend eingeschränkt.

Die ersten Serienmodelle des Jagdtiger verfügten über das von Henschel entwickelte Standardlaufwerk des Königstiger mit Querfederstäben und neun Achsen mit versetzt angeordneten Laufrollen. Porsche bot ein einfacheres Laufwerk an, das der deutschen Rüstungsindustrie sehr entgegenkam, denn so ließ sich die Produktion weiter steigern. Außerdem war das Porsche-Laufwerk auch leichter und sorgte dafür, daß das überschwere Fahrzeug wenigstens 1,8 Tonnen abspecken konnte. Der Gefechtswert des Jagd-

tiger war ohnehin stark eingeschränkt, denn es gab praktisch keine Brücke in Deutschland, die diesen Panzer tragen konnte.

Trotz des gewaltigen Interesses, das der Jagdtiger bei den Alliierten, aber auch bei der deutschen Bevölkerung hervorrief, war er einer der seltensten Panzer überhaupt im Zweiten Weltkrieg. Steyr-Daimler-Puch konnte gerade einmal 77 Jagdtiger, die Hälfte des ursprünglichen Auftrags, fertigstellen. Das lag hauptsächlich an den ununterbrochenen Luftangriffen der Alliierten, die immer wieder für Pausen und Verzögerungen bei der Herstellung sorgten. Weitere Probleme ergaben sich durch den Mangel an den einzelnen Baugruppen. Besonders die 12,8-cm-Kanone war stets knapp. Die Nibelungenwerke bauten Ende 1944 exakt 48 Jagdtiger, und in den ersten drei Monaten des folgenden Jahres weitere 25 Einheiten. Die letzten vier Jagdtiger wurden in der ersten Aprilwoche 1945 an das 653. schwere Panzerjägerbataillon ausgeliefert. Die wenigen Jagdtiger, die noch in Dienst gestellt werden konnten, gingen in erster Linie an eine kleine Zahl selbständiger schwerer Panzerjägerbataillone. Einer dieser Verbände, das 512. schwere Panzerjägerbataillon, wurde im Februar 1945 aus den Resten des 424. (vorher 501.) schweren Panzerbataillons aufgebaut, das im Januar 1945 bei der Abwehr der russischen Offensive östlich der Weichsel praktisch vernichtet worden war.

Wenn man sich seine Einsatzmöglichkeiten vor Augen führt, war der Jagdtiger ein schweres und unbewegliches Fahrzeug. Diese Nachteile waren aber im Rahmen der statischen Verteidigung, die Deutschland im letzten Kriegsjahr führen mußte, nicht so gravierend. Am besten ließ sich der Jagdtiger als ortsfester Bunker einsetzen, hinter einem Hügel versteckt oder im Häuserkampf in einem bebauten Ort. Dort konnte er mit seiner gewaltigen 12,8-cm-Kanone den Panzern der Alliierten beträchtliche Schäden zufügen.

Der Jagdtiger im Gefecht: Operation Nordwind

Die wenigen Jagdtiger, die in den letzten sechs Monaten des Zweiten Weltkriegs noch an die Front verlegt wurden, erwiesen sich als wertvolle Verstärkung für die verzweifelten Verteidigungsanstrengungen. Trotz dieser Bemühungen mußte die Wehrmacht sich aber langsam immer weiter zurückziehen. Bei den wenigen Offensiven, die das deutsche Heer im letzten Kriegsjahr noch durchführte, war der Jagdtiger nicht sehr von Nutzen. Während der Ardennen-Offensive beispielsweise setzte die Wehrmacht neun Jagdtiger zur Unterstützung des Angriffs ein. Diese Jagdtiger gehörten zum 653. schweren Panzerjägerbataillon, das mit zur strategischen Reserve der fünften Panzerarmee zählte. Die Führung erkannte schnell, daß die plumpen, unbeweglichen

OBEN *Amerikanische Soldaten begutachten einen zerstörten Jagdtiger. Der Soldat vorn im Bild hat die zwei Klappen hinten geöffnet, die als Zugang zum Kampfraum dienen. Im Gefecht sind mehrere Teile der Schürze verlorengegangen – das kam häufig vor.*

Jagdpanzer im hügeligen Gelände der Ardennen keine Chance hatten, und stellte sie in die Reserve. Sie sollten erst in das Gefecht eingreifen, nachdem die deutschen Truppen das besser geeignete Gelände hinter der Maas erreicht hatten. Allerdings wurde die Offensive schon früh zum Stehen gebracht, so daß die Jagdpanzer den Angriff gar nicht mehr unterstützen konnten. Statt dessen wurde das 653. schwere Panzerjägerbataillon nach Süden in das Saarland verlegt, wo die Wehrmacht einen Überraschungsangriff am verschneiten Sylvesterabend plante. Dieser neue Angriff, die Operation Nordwind, war ein Versuch, aus dem Scheitern der Ardennen-Offensive wenigstens noch etwas Kapital zu schlagen. Der Jagdtiger spielte bei der Operation Nordwind eine wichtige Rolle, und mindestens einer der neun Jagdtiger des 653. schweren Panzerjägerbataillons wurde bei Rimling durch das Feuer der Alliierten zerstört.

Nach anfänglichen Erfolgen wurden die angreifenden deutschen Truppen wieder zurückgetrieben und mußten schwere Verluste einstecken. Die Alliierten konnten schließlich auf ihre zahlenmäßige Überlegenheit bauen. Der Verlauf der Operation Nordwind glich genau dem der gerade gescheiterten Ardennen-Offensive: Die deutschen Versuche der letzten sechs Kriegsmonate, die Alliierten an der Westfront noch einmal zurückzuwerfen, waren letztendlich zum Scheitern verurteilt. Nach dem Mißlingen der Operation Nordwind faßte das Heer alle noch verbliebenen Jagdtiger im 653. Bataillon zusammen. Am 1. April 1945 verfügte dieser Verband über 23 einsatzbereite Jagdtiger, die wahrscheinlich allesamt im letzten Kriegsmonat vernichtet wurden, als alle Reserven eingesetzt wurden, um den Vormarsch der Alliierten doch noch zu stoppen.

LUCHS

Der Panzerspähwagen II Luchs war ein Vollketten-Aufklärungsfahrzeug auf der Grundlage des Fahrgestells des PzKpfw II. Als das Jahr 1942 zu Ende ging und die Produktion des PzKpfw II bereits endgültig eingestellt worden war, machte sich das deutsche Heer daran, auf der Grundlage genau dieses Panzers den VK1301, den Prototyp eines schnellen Spähpanzers, zu entwickeln. Aus diesem Prototyp sollte schließlich der Luchs entstehen.

Zunächst hatte die Wehrmacht das Fahrzeug als Panzer, nämlich als PzKpfw II Ausf L, eingestuft. Doch schon bald entschied man sich, ihn als zweckgebundenen Spähpanzer unter der Bezeichnung Luchs einzuführen. Es handelte sich um eine Gemeinschaftsproduktion der Firmen Daimler-Benz, die den Aufbau und den Turm lieferte, und MAN, die das Laufwerk baute. Zwischen 1943 und Januar 1944 wurden gerade einmal 131 Spähpanzer dieses Typs gebaut.

Der Luchs wog 11,8 Tonnen und verfügte über eine Besatzung von vier Mann. Er besaß den Standardturm des PzKpfw II, allerdings ohne Kuppel und Visier. Statt dessen waren zwei drehbare Periskope am Turmdach angebracht. Bewaffnet war der Luchs mit der 20-mm-Kanone KwK 38 und dem koaxialen 7,92-mm-MG. Die letzten 31 Fahrzeuge wurden jedoch mit der wesentlich größeren 50-mm-Kanone KwK 39L/60 ausgerüstet, allerdings immer noch in dem gleichen kleinen Turm. So stimmte das Verhältnis zwischen Waffe und Turm überhaupt nicht mehr.

Das Laufwerk des Luchs verfügte über fünf Paar versetzt angeordnete, große Laufrollen, aber über keine Stützrollen.

Angetrieben von einem 180 PS starken Maybach-Ottomotor vom Typ HL 66P erreichte der Luchs auf der Straße die beeindruckende Höchstgeschwindigkeit von 60 km/h, was bei seiner Rolle als Spähpanzer von großem Vorteil war. Die Reichweite war mit 150 Kilometern ebenfalls recht ordentlich. Von 1943 an wurde der Luchs ausschließlich in den Panzeraufklärungsbataillonen der deutschen Panzerdivisionen eingesetzt. Obwohl die Zahl dieser Fahrzeuge durch Verluste natürlich abnahm, blieben einige wenige Exemplare dieses seltenen Fahrzeugs bis zum Ende des Krieges im Einsatz.

TECHNISCHE DATEN: Panzerspähwagen II Luchs (Sdkfz 123)

ALLGEMEINE DATEN
Art des Fahrzeugs: gepanzertes Vollkettenaufklärungsfahrzeug (leichter Spähpanzer)
Indienststellung: Frühjahr 1943
Besatzung: vier Mann
Kampfgewicht: 11,8 t

ABMESSUNGEN
Länge über alles: 4,63 m
Länge der Wanne: 4,63 m
Breite: 2,49 m
Höhe: 2,13 m

BEWAFFNUNG
Hauptbewaffnung: 2-cm-KwK 30 L/55
Nebenbewaffnung: 1x 7,92-mm-MG 34 koaxial im Turm

MUNITIONSVORRAT
Hauptbewaffnung: 330 Schuß
Nebenbewaffnung: 2250 Schuß

PANZERUNG
Wanne vorn (Bug): 30 mm (im Winkel von 65°)
Wanne vorn (Platte für den Fahrer): 20 mm (im Winkel von 90°)
Wanne seitlich: 20–30 mm (im Winkel von 85° bis 90°)
Wanne hinten: 20 mm (im Winkel von 60°)
Turm vorn: 30 mm (im Winkel von 80°)
Turm seitlich: 15 mm (im Winkel von 70°)
Turm hinten: 20 mm (im Winkel von 70°)

Turm oben: 13 mm (im Winkel von 0° bis 10°)

ANTRIEB
Motor: Sechszylinder-Reihenmotor Maybach HL 66 P
Leistung: 180 PS
Tankinhalt: 236 l

FAHRLEISTUNGEN
Höchstgeschwindigkeit Straße: 60 km/h
Höchstgeschwindigkeit Gelände: 42 km/h
Reichweite Straße: 150 km
Reichweite Gelände: 95 km

PANZER MAUS

Der riesige, superschwere Panzer Maus war der Höhepunkt der Besessenheit der Wehrmacht, immer größere Panzer bauen zu wollen. Am 8. Juni 1942 erteilte Adolf Hitler Professor Porsche den mündlichen Auftrag, den Prototyp eines superschweren Panzers zu entwickeln, der ironisch als „Maus" bezeichnet wurde. Bis zum Januar 1943 hatte Porsche eine Attrappe entwickelt, die dem „Führer" vorgestellt wurde. Im August 1943 begann Alkett mit der Arbeit am ersten Prototyp, wobei Krupp den Turm und die Hauptbewaffnung lieferte. Bis zum Juni 1944 war der Prototyp an das Heer ausgeliefert. Wenige Monate später hatte Alkett auch den zweiten bestellten Prototyp fertig. Ab Ende 1944 unterzog die Wehrmacht beide Fahrzeuge ausgedehnten Truppenversuchen. Der Maus griff aber nie in das Kampfgeschehen ein, und die Wehrmacht zerstörte beide Panzer im April 1945, bevor die Rote Armee den Platz eroberte.

Die Hauptbewaffnung des Maus war eine massive 15-cm-Kanone KwK 44 L/38, unterstützt von einer koaxialen 7,5-cm-Kanone KwK 44 L/36,5. Da jedes 15-cm-Geschoß bereits 70 Kilogramm wog, mußte die Munition auf einem separaten Anhänger mitgeführt werden. Der Panzer war hervorragend geschützt, denn

die Panzerung war vorn 240 Millimeter dick, an den Seiten immerhin noch 200 Millimeter. Daraus resultierte das enorme Gesamtgewicht von 188 Tonnen. Allein der Turm wog 50 Tonnen, mehr als ein ganzer Panzer vom Typ Panther. Um dieses Ungeheuer überhaupt von der Stelle zu bewegen, entwickelte Daimler-Benz einen 1200 PS starken V12-Ottomotor mit der Bezeichnung MB 509. Dieser Motor erwies sich aber als so durstig, daß der zweite Prototyp einen wassergekühlten Diesel erhielt, den ebenfalls 1200 PS starken MB 517. Beide Fahrzeuge erreichten auf der Straße trotz der Motorleistung nicht mehr als 20 km/h.

Dieses Ungetüm war als Panzer völlig unbrauchbar. Keine Brücke war seinem Gewicht gewachsen, und im Gelände war das Fahrzeug ohnehin fast unfahrbar. Im Fahrzeugpark der Wehrmacht war der Maus wohl die nutzloseste Verschwendung der ohnehin knappen Materialien.

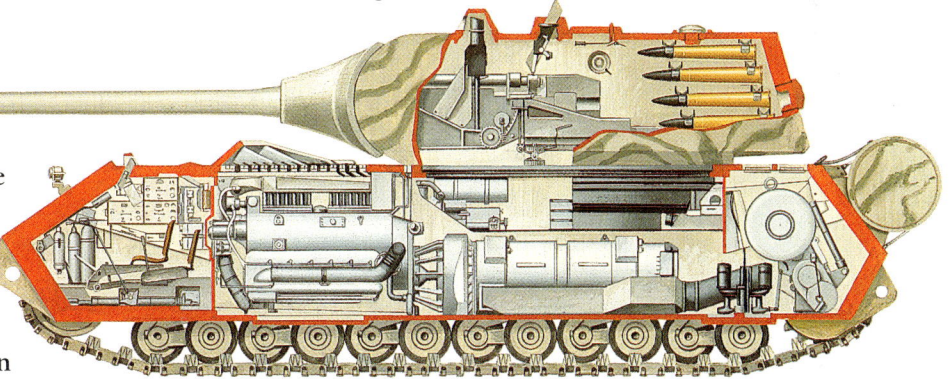

TECHNISCHE DATEN: Panzer Maus (ohne Sdkfz-Nr.)

ALLGEMEINE DATEN
Art des Fahrzeugs: superschwerer Panzer
Indienststellung: keine (zwei Prototypen Ende 1944 fertiggestellt)
Besatzung: sechs Mann
Kampfgewicht: 188 t

ABMESSUNGEN
Länge über alles: 10,08 m
Länge der Wanne: 9,03 m
Breite: 3,67 m
Höhe: 3,66 m

BEWAFFNUNG
Hauptbewaffnung: 15-cm-KwK 44 L/38 sowie koaxiale 7,5-cm-KwK 44 L/36,5

Nebenbewaffnung: 2x 7,92-mm-MG 34, 1x koaxial im Turm, 1 Halterung auf dem Dach für Fla-MG

MUNITIONSVORRAT
Hauptbewaffnung: 50 Schuß (in separatem Anhänger)
Nebenbewaffnung: 1000 Schuß

PANZERUNG
Wanne vorn (Bug): 200 mm (im Winkel von 60°)
Wanne vorn (Platte für den Fahrer): 200 mm (im Winkel von 35°)
Wanne seitlich: 180 mm (im Winkel von 90°)
Wanne hinten: 160–165 mm (im Winkel von 90°)
Turm vorn: 240 mm (Winkel: k.A.)

Turm seitlich: 200 mm (im Winkel von 60°)
Turm hinten: 200 mm (im Winkel von 60°)
Turm oben: 60 mm (im Winkel von 0°)

ANTRIEB
Motor: V12-Motor Daimler-Benz MB 509 (Maus Nr. 2: V12-Dieselmotor MB 517)
Leistung: 1200 PS
Tankinhalt: 4800 l

FAHRLEISTUNGEN
Höchstgeschwindigkeit Straße: 20 km/h
Höchstgeschwindigkeit Gelände: 11 km/h
Reichweite Straße: 190 km
Reichweite Gelände: 97 km

STURMPANZER IV BRUMMBÄR

Der Sturmpanzer IV Brummbär, auch als Sturmpanzer 43 (Sdkfz 166) bezeichnet, war eine schwere gepanzerte Sturmhaubitze auf der Grundlage des Laufwerks des PzKpfw IV. Das Fahrzeug wurde für Angriffe auf stark befestigte Bunker und für die Teilnahme am Ortskampf konzipiert. Als Hauptbewaffnung erhielt der Brummbär eine 15-cm-Sturmhaubitze StuH 43 mit extrem kurzem Rohr (12 Kaliber). Die Hersteller setzten diese Haubitze in einen stark gepanzerten geschlossenen Aufbau, der auf das serienmäßige Laufwerk des PzKpfw IV der Ausführungen E bis G montiert wurde.

Der Aufbau des Brummbär erhielt eine 100 Millimeter starke Frontplatte, 80-mm-Platten an den Seiten und eine 40-mm-Platte am Heck. Wegen der mächtigen Haubitze und der schweren Panzerung kam

der Sturmpanzer IV auf stolze 31,1 Tonnen. Als Antrieb diente ein Maybach-V12-Vergasermotor HL 120 TRM mit 300 PS. Damit war der Brummbär auf der Straße bis zu 40 km/h schnell und konnte eine Reichweite von bis zu 210 Kilometer erzielen.

In Deutschland wurden insgesamt 306 Fahrzeuge vom Typ Sturmpanzer 43 gebaut. Es gab drei Versionen, die nur geringfügig voneinander abwichen. Die Serienproduktion lief von April 1943 bis März 1945. Die ersten Typen besaßen ein Visier für den Fahrer, das bei der mittleren Variante durch ein Periskop ersetzt wurde. Die letzten Sturmpanzer IV basierten auf dem Laufwerk des PzKpfw IV Ausf J, hatten einen neu konstruierten Aufbau und ein MG oben rechts in der Frontplatte. In den letzten zwei Kriegsjahren setzte die Wehrmacht den Sturmpanzer IV in Einheiten von Kompaniestärke an der Ostfront und an der Westfront wie auch in Italien ein.

TECHNISCHE DATEN: Sturmpanzer IV (Sturmpanzer 43) Brummbär (Sdkfz 166)

ALLGEMEINE DATEN
Art des Fahrzeugs: Sturmpanzer (Sturmhaubitze)
Indienststellung: Frühjahr 1943
Besatzung: fünf Mann
Kampfgewicht: 28,3 t

ABMESSUNGEN
Länge über alles: 5,89 m
Länge der Wanne: 5,89 m
Breite: 3,73m
Höhe: 3,46 m

BEWAFFNUNG
Hauptbewaffnung: 15-cm-StuH 43 L/12
Nebenbewaffnung: 1x 7,92-mm-MG 34 im Bug

MUNITIONSVORRAT
Hauptbewaffnung: 36 Schuß
Nebenbewaffnung: 600 Schuß

PANZERUNG
Wanne vorn (Bug): 50 + 50 mm (im Winkel von 75°)
Wanne vorn (Platte für den Fahrer): 80 mm (im Winkel von 78°)
Wanne seitlich: 20 + 20 mm (im Winkel von 90°)
Wanne hinten: 20 mm (im Winkel von 80° bis 82°)
Aufbau vorn: 100 mm (im Winkel von 50°)
Aufbau seitlich: 20–60 mm (im Winkel von 65° bis 88°)

Aufbau hinten: 30 mm (im Winkel von 64° bis 90°)
Aufbau oben: 20 mm (im Winkel von 6°)

ANTRIEB
Motor: V12-Motor Maybach HL 120 TRM
Leistung: 300 PS
Tankinhalt: 470 l

FAHRLEISTUNGEN
Höchstgeschwindigkeit Straße: 40 km/h
Höchstgeschwindigkeit Gelände: 24 km/h
Reichweite Straße: 210 km
Reichweite Gelände: 130 km

STURMPANZER VI STURMTIGER

Der extrem seltene Sturmpanzer VI Sturmtiger war ein schwerer Sturmpanzer auf der Grundlage des Tiger I. Das Fahrzeug verfügte über einen kurzen 38-cm-Mörser RW61 L5,4. Er war in erster Linie dazu gedacht, schwere Befestigungen aus Beton und große Gebäude zu sprengen. Diese Waffe verfeuerte ein mächtiges, 376 Kilogramm schweres Geschoß über eine Entfernung von 5500 Metern. Angesichts des Gewichts der Geschosse konnte der Sturmtiger nur 13 Schuß mitführen und benötigte einen Kran, damit die fünfköpfige Besatzung die Munition überhaupt laden konnte. Der Sturmtiger war außerdem stark gepanzert. Die riesige Waffe und die schwere Panzerung sorgten für das gewaltige Gewicht von 68 Tonnen. Der Sturmtiger wurde von einem Maybach-V12-Vergasermotor mit 700 PS angetrieben. Mit diesem Motor konnte er auf der Straße eine Höchstgeschwindigkeit von 40 km/h und eine Einsatzreichweite von 120 Kilometern erzielen.

Im August 1944 begann die Firma Alkett, 18 beschädigte Kampfpanzer Tiger I umzubauen, die zur Reparatur im Werk waren. Das Heer verteilte diese 18 Sturmtiger an drei Sturmmörserkompanien (ursprünglich hatte jede von ihnen 14 Sturmtiger erhalten sollen), die beim Straßenkampf oder beim Beschuß stark befestigter Verteidigungsstellungen eingesetzt werden sollten. Ende 1944 setzte die Wehrmacht die Sturmtiger an der Ostfront und in Italien ein.

Im Dezember 1944 wurden die 1000. und 1001. Sturmmörserkompanie, die zusammen über nur sieben Sturmtiger verfügten, für die Teilnahmen an der Ardennen-Offensive ausgewählt. Die 6. Panzerarmee, die die Speerspitze der deutschen Truppen bildete, hielt diese Fahrzeuge in der Reserve, um sie für die Feuerunterstützung bei Ortskämpfen einzusetzen. Die phlegmatischen Fahrzeuge waren aber für die taktischen Forderungen dieser Operation denkbar ungeeignet, denn die Offensive basierte auf einem schnellen Vorstoß durch die engen, kurvigen Sträßchen in der hügeligen Landschaft der Ardennen. So wurden die langsamen Sturmtiger weit hinter den beweglicheren PzKpfw IV und Panther eingesetzt und hatten große Schwierigkeiten, überhaupt mit dem Tempo Schritt zu halten.

TECHNISCHE DATEN: Sturmpanzer VI Sturmtiger (ohne Sdkfz-Nr.)

ALLGEMEINE DATEN
Art des Fahrzeugs: Sturmpanzer (Sturmmörser)
Indienststellung: Sommer 1944
Besatzung: fünf Mann
Kampfgewicht: 68 t

ABMESSUNGEN
Länge über alles: 6,31 m
Länge der Wanne: 6,31 m
Breite: 3,73 m
Höhe: 3,46 m (einschl. Kran)

BEWAFFNUNG
Hauptbewaffnung: 38-cm-Mörser RW61 L/5,4
Schwenkbereich des Mörsers: 10° links und rechts

Nebenbewaffnung: 1x 7,92-mm-MG 34 im Bug

MUNITIONSVORRAT
Hauptbewaffnung: 13 Schuß
Nebenbewaffnung: 800 Schuß

PANZERUNG
Wanne vorn (Bug): 150 mm (im Winkel von 66°)
Wanne vorn (Platte für den Fahrer): 150 mm (im Winkel von 80°)
Wanne seitlich: 80 mm (im Winkel von 90°)
Wanne hinten: 80 mm (im Winkel von 82°)
Aufbau vorn: 150 mm (im Winkel von 45°)

Aufbau seitlich: 80 mm (im Winkel von 70°)
Aufbau hinten: 80 mm (im Winkel von 80°)
Aufbau oben: 40 mm (im Winkel von 0°)

ANTRIEB
Motor: V12-Motor Maybach HL 230 P45
Leistung: 700 PS
Tankinhalt: 540 l

FAHRLEISTUNGEN
Höchstgeschwindigkeit Straße: 40 km/h
Höchstgeschwindigkeit Gelände: 24 km/h
Reichweite Straße: 120 km
Reichweite Gelände: 85 km

NASHORN

wickelt. Beim Geschützwagen Gw. III/IV war der Motor weit nach vorn gerückt, um hinten im Fahrzeug einen größeren Kampfraum zu schaffen.

Das Heereswaffenamt erteilte im Februar 1942 die Aufträge zum Bau des Nashorn, und die ersten Fahrzeuge wurden im November 1942 bei den selbständigen schweren Panzerjägerbataillonen in Dienst gestellt. Die Deutschen Eisenwerke bauten bis in das Jahr 1944 insgesamt 473 Jagdpanzer Nashorn.

Das Nashorn verfügte über die kräftige Panzerabwehrkanone 8,8-cm-Pak 43/1 L/71. Die Wehrmacht wollte diese schlagkräftige Waffe auf alle Fälle auf ein Panzerchassis setzen, denn die gezogene Panzerabwehrkanone Pak 43/1 war zu groß, um von den Soldaten schnell bewegt zu werden. Das Laufwerk des Geschützwagens Gw. III/IV hatte jedoch alle Mühe, mit dem Gewicht der Pak 43/1 fertig zu werden. Das Nashorn verfügte zwar über eine mächtige Waffe, besaß aber gleichzeitig eine armselige Panzerung. Im Jahr 1944 wurde das Nashorn allmählich, aber niemals vollständig, bei den selbständigen schweren Panzerjägerbataillonen durch einen richtigen Jagdpanzer ersetzt, den Jagdpanzer V Jagdpanther.

D as Nashorn war ein improvisierter Jagdpanzer, ein primitives Selbstfahr-Lafettengeschütz, das in den mittleren Jahren des Krieges entwickelt wurde, um der Bedrohung durch die Panzer der Roten Armee Einhalt zu gebieten. Das Nashorn trug zunächst die Bezeichnung Hornisse, bis Hitler selbst den Namen änderte. Der ungewöhnliche Jagdpanzer basierte auf der Plattform des Geschützwagens Gw. III/IV, der das Laufwerk des PzKpfw IV mit Antrieb und Kraftübertragung des PzKpfw III vereinte. Anfang 1942 hatten Alkett und die Deutschen Eisenwerke diese Plattform auf der Grundlage beider Panzer ent-

---

TECHNISCHE DATEN: Nashorn (Sdkfz 164)

ALLGEMEINE DATEN
Art des Fahrzeugs: Jagdpanzer (Panzerjäger)
Indienststellung: Anfang 1942
Besatzung: fünf Mann
Kampfgewicht: 24 t
Laufwerk: Geschützwagen III/IV

ABMESSUNGEN
Länge über alles: 8,44 m
Länge der Wanne: 5,80 m
Breite: 2,95 m
Höhe: 2,95 m

BEWAFFNUNG
Hauptbewaffnung: 8,8-cm-PaK 43 L/71
Schwenkbereich der Bordkanone: 15° links und rechts

Nebenbewaffnung: –

MUNITIONSVORRAT
Hauptbewaffnung: 40 Schuß
Nebenbewaffnung: –

PANZERUNG
Wanne vorn (Bug): 30 mm (im Winkel von 78°)
Wanne vorn (Platte für den Fahrer): 30 mm (im Winkel von 35°)
Wanne seitlich: 20 mm (im Winkel von 90°)
Wanne hinten: 20 mm (im Winkel von 80°)
Aufbau vorn: 10 mm (im Winkel von 60°)
Aufbau seitlich: 10 mm (im Winkel von 74°)

Aufbau hinten: 10 mm (im Winkel von 80°)
Aufbau oben: keine

ANTRIEB
Motor: V12-Motor Maybach HL 120 TRM
Leistung: 300 PS
Tankinhalt: 470 l

FAHRLEISTUNGEN
Höchstgeschwindigkeit Straße: 40 km/h
Höchstgeschwindigkeit Gelände: 24 km/h
Reichweite Straße: 200 km
Reichweite Gelände: 130 km

PANZERJÄGER TIGER (P) ELEFANT

Beim Panzerjäger Tiger (P) Elefant (Sdkfz 184) handelte es sich um einen improvisierten schweren Jagdpanzer, der Mitte 1943 auf der Grundlage von 90 Laufwerken gebaut wurde, die Porsche für seine Tiger-Prototypen VK4501 (P) gebaut hatte. Dieser Jagdpanzer, der auch Ferdinand genannt wurde, war zwar stark gepanzert und verfügte über eine mächtige Kanone, auf der anderen Seite war er aber auch ziemlich unbeweglich. Der Elefant wurde in aller Eile konstruiert, um die vorhandenen Laufwerke und Kanonen zu Jagdpanzern zu kombinieren.

Ungewöhnlich war, daß der Elefant nicht einen Motor hatte, sondern zwei Maybach HL 120 TR mit jeweils 320 PS. Das große Gewicht des Fahrzeugs und der extrem hohe Bodendruck – 20 Prozent mehr als beim Tiger – schränkte die Beweglichkeit stark ein. Der Elefant litt auch stark unter technischen Problemen. Die einseitige Ausrichtung auf Feuerkraft und Panzerschutz sorgte für schwerwiegende Nachteile hinsichtlich der Beweglichkeit und der mechanischen Zuverlässigkeit. Insgesamt handelte es sich um eine Fehlkonstruktion, die an der Front nicht zu gebrauchen war.

Das Oberkommando verlegte die 90 fertiggestellten Elefanten rasch an die Ostfront, damit sie im Juli 1943 an der Kursk-Offensive teilnehmen konnten. Dort wurden sie bei zwei selbständigen schweren motorisierten Panzerjägerbataillonen eingesetzt. Schon in den ersten vier Tagen der Offensive blieben mehrere Dutzend Fahrzeuge wegen mechanischer Probleme liegen. Das Fehlen eines MG für die Selbstverteidigung sollte sich als besonders großer Mangel herausstellen. Mehr als 20 Elefanten fielen den sowjetischen Panzerabwehrwaffen auf kurze Distanz zum Opfer.

Anfang 1944 verlegte das Heer die wenigen Elefanten, die das Debakel bei Kursk überlebt hatten, nach Italien. Bis 1945 waren auch die restlichen Fahrzeuge während des Rückzugs auf der italienischen Halbinsel entweder dem Feuer der Alliierten zum Opfer gefallen oder mechanisch so verschlissen, daß sie nicht mehr repariert werden konnten.

TECHNISCHE DATEN: Panzerjäger Tiger (P) Elefant (Sdkfz 184)

ALLGEMEINE DATEN
Art des Fahrzeugs: schwerer Jagdpanzer (schwerer Panzerjäger)
Indienststellung: Sommer 1943
Besatzung: sechs Mann
Kampfgewicht: 68 t
Laufwerk: Porsche-Prototyp VK4501(P) Tiger

ABMESSUNGEN
Länge über alles: 8,14 m
Länge der Wanne: 6,80 m
Breite: 3,43 m
Höhe: 2,97 m

BEWAFFNUNG
Hauptbewaffnung: 8,8-cm-PaK 43/2 L/71
Schwenkbereich der Bordkanone: 14° links und rechts

Nebenbewaffnung: –

MUNITIONSVORRAT
Hauptbewaffnung: 50 Schuß
Nebenbewaffnung: –

PANZERUNG
Wanne vorn (Bug): 100 + 100 mm (im Winkel von 75°)
Wanne vorn (Platte für den Fahrer): 200 mm (im Winkel von 90°)
Wanne seitlich: 80 mm (im Winkel von 90°)
Wanne hinten: 80 mm (im Winkel von 90°)
Aufbau vorn: 200 mm (im Winkel von 60°)
Aufbau seitlich: 80 mm (im Winkel von 60°)

Aufbau hinten: 80 mm (im Winkel von 60°)
Aufbau oben: 40 mm (im Winkel von 5°)

ANTRIEB
Motor: 2x V12-Motor Maybach HL 120 TR
Leistung: 2x 320 = 640 PS
Tankinhalt: 950 l

FAHRLEISTUNGEN
Höchstgeschwindigkeit Straße: 20 km/h
Höchstgeschwindigkeit Gelände: 15 km/h
Reichweite Straße: 150 km
Reichweite Gelände: 90 km

WESPE

Die Wespe war das bekannteste deutsche Selbstfahrgeschütz des Zweiten Weltkriegs. Dieses Fahrzeug verfügte über die übliche leichte Feldhaubitze 10,5 cm, die in einen leicht gepanzerten Kampfraum eingebaut und auf ein modifiziertes Laufwerk des PzKpfw II
gesetzt wurde. Offiziell hieß das Fahrzeug „10,5 cm le. FH.
18/2 auf Fahrgestell Panzer II (sf) Wespe (Sdkfz 124)". Die
Konstruktion wurde im Jahr 1942 von den Firmen Alkett,
MAN und Rheinmetall-Borsig gemeinsam entwickelt, den
Bau hingegen übernahm Famo in Warschau.

Die Wespe verfügte über die 10,5-cm-Haubitze in einem
oben offenen, kastenförmigen Aufbau, der nach hinten
schräg abfiel. Durch die Ver-
wendung der relativ großen
Kanone auf einem kurzen
Laufwerk blieb nicht viel
Platz für die Munition übrig.
So konnte die Wespe nur 40
Schuß mitführen. Die 10,5-
cm-Haubitze hatte eine Mündungsbremse und erreichte
beim Verschießen der Stan-
dard-Sprenggeschosse eine
Mündungsgeschwindigkeit
von 470 Metern pro Sekun-
de. Der Schutz des Fahr-
zeugs bestand aus zehn Millimeter starken Platten am

Aufbau und bis zu 18 Millimeter dicken Platten an der
Wanne.

Zwischen 1942 und Ende 1944 baute Famo in Warschau
683 Wespen, teilweise auf neuen Laufwerken, zum Teil aber
auch unter Verwendung abgängiger PzKpfw II. Die Wespe
wurde bei den Panzerartilleriebataillonen der deutschen
Panzer- und Panzergrenadierdivisionen eingesetzt. Diese Verbände verfügten normalerweise über zwei Wespe-Batterien
mit jeweils sechs Fahrzeugen. In der Theorie besaß jede Batterie auch einen Wespe-Munitionsträger, der weitere 90 Schuß
mitführen konnte. Insgesamt wurden in Deutschland 158
dieser Trägerfahrzeuge gebaut.

TECHNISCHE DATEN: Wespe (Sdkfz 124)

ALLGEMEINE DATEN
Art des Fahrzeugs: leichte Feldhaubitze
(Geschützwagen)
Indienststellung: Sommer 1942
Besatzung: fünf Mann
Kampfgewicht: 11,5 t
Laufwerk: PzKpfw II

ABMESSUNGEN
Länge über alles: 4,79 m
Länge der Wanne: 4,79 m
Breite: 2,24 m
Höhe: 2,32 m

BEWAFFNUNG
Hauptbewaffnung: 10,5-cm-le-FH 18/2
L/28
Schwenkbereich der Haubitze:

17° links und rechts
Nebenbewaffnung: –

MUNITIONSVORRAT
Hauptbewaffnung: 32 Schuß
Nebenbewaffnung: –

PANZERUNG
Wanne vorn (Bug): 20 mm (im Winkel
von 75°)
Wanne vorn (Platte für den Fahrer):
20 mm (im Winkel von 60° bis 75°)
Wanne seitlich: 15 mm (im Winkel
von 90°)
Wanne hinten: 20 mm (im Winkel
von 90°)
Aufbau vorn: 12 mm (im Winkel von 69°)
Aufbau seitlich: 10 mm (im Winkel

von 73°)
Aufbau hinten: 10 mm (im Winkel
von 74°) oder keine
Aufbau oben: keine

ANTRIEB
Motor: Sechszylinder-Reihenmotor
Maybach HL 62 TR
Leistung: 140 PS
Tankinhalt: 170 l

FAHRLEISTUNGEN
Höchstgeschwindigkeit Straße:
40 km/h
Höchstgeschwindigkeit Gelände:
20 km/h
Reichweite Straße: 140 km
Reichweite Gelände: 95 km

HUMMEL

Die Hummel war ein Selbstfahrgeschütz für die Artillerie, das die schwere 15-cm-Feldhaubitze mit einem leichten Aufbau kombinierte. Die Waffe saß auf einem Laufwerk des Geschützwagens III/IV. Dieses Fahrzeug wurde 1942 bei Alkett entwickelt und erhielt die offizielle Bezeichnung „15 cm Panzerhaubitze 18/1 auf Geschützwagen III/IV (Sdkfz 165)". Am 27. Februar 1944 befahl Hitler, den Beinamen des Fahrzeugs zu streichen, weil er nicht kriegerisch genug klang. Das Laufwerk des Geschützwagens III/IV war eine Mischung aus Elementen der Panzerkampfwagen III und IV. Im Prinzip handelte es sich um einen PzKpfw IV mit dem Frontmotor, den Kettenrädern und dem Endantrieb aus dem PzKpfw III. Unter den letzten Fahrzeugen gab es allerdings einige, die auf dem Standardlaufwerk des Panzerkampfwagen IV basierten, da das kombinierte Laufwerk damals nicht mehr in ausreichender Zahl verfügbar war.

Die Hummel wog beachtliche 25,9 Tonnen, was in erster Linie auf die große Haubitze zurückzuführen war. Um das Laufwerk nicht zu überfordern, mußten die Konstrukteure an anderer Stelle Gewicht sparen. So entschieden sie sich, den Vorrat der 15-cm-Munition auf 18 Schuß zu begrenzen. Weiteres Gewicht ließ sich nur durch eine leichte Panzerung einsparen.

Die Deutschen Eisenwerke bauten insgesamt 166 dieser Panzerhaubitzen, im Durchschnitt 35 Einheiten pro Monat. Die Produktion lief von Dezember 1942 bis Juli 1944. Jedes Panzerartilleriebataillon der Panzerdivisionen verfügte über eine einzige schwere Batterie mit jeweils sechs Hummeln. Daneben bauten die Deutschen Eisenwerke noch 150 Hummel-Munitionsträger ohne Kanone. Jede Hummel-Batterie erhielt eines dieser Trägerfahrzeuge.

TECHNISCHE DATEN: Hummel (Sdkfz 165)

ALLGEMEINE DATEN
Art des Fahrzeugs: Panzerhaubitze (Geschützwagen)
Indienststellung: Frühjahr 1943
Besatzung: sechs Mann
Kampfgewicht: 23,5 t
Laufwerk: Geschützwagen III/IV

ABMESSUNGEN
Länge über alles: 7,17 m
Länge der Wanne: 5,80 m
Breite: 2,92 m
Höhe: 2,81 m

BEWAFFNUNG
Hauptbewaffnung: 15-cm-s-FH 18/1 L/30
Schwenkbereich der Haubitze: 12° links und rechts

Nebenbewaffnung: 1x 7,92-mm-MG 34 im Bug

MUNITIONSVORRAT
Hauptbewaffnung: 15 Schuß
Nebenbewaffnung: 600 Schuß

PANZERUNG
Wanne vorn (Bug): 30 mm (im Winkel von 55°)
Wanne vorn (Platte für den Fahrer): 30 mm (im Winkel von 74°)
Wanne seitlich: 10 mm (im Winkel von 90°)
Wanne hinten: 10 mm (im Winkel von 79°)
Aufbau vorn: 30 mm (im Winkel von 57°)
Aufbau seitlich: 10 mm (im Winkel von 76°)

Aufbau hinten: 10 mm (im Winkel von 79°)
Aufbau oben: keine

ANTRIEB
Motor: V12-Motor Maybach HL 120 TRM
Leistung: 300 PS
Tankinhalt: 470 l

FAHRLEISTUNGEN
Höchstgeschwindigkeit Straße: 42 km/h
Höchstgeschwindigkeit Gelände: 24 km/h
Reichweite Straße: 215 km
Reichweite Gelände: 130 km

BIBLIOGRAPHIE

Anon., *Hitler's Panzers,* London, Marshall Cavendish, 1974

Chamberlain, Peter, und Ellis, Chris, *PzKpfw VI Tiger and Tiger II* (Profile AFV 48), Windsor, Berks, Profile Publications, 1972

Chamberlain, P., und Doyle, H.L., *The Panzerkampfwagen III and IV Series,* Bromley, Iso-Galago, 1989

Duncan, Major-General N.W., *Panzerkampfwagen I and II* (Profile AFV 15), Windsor, Profile Publications, 1970

Edwards, Roger, *Panzer: A Revolution in Warfare, 1939–1945,* London, Arms and Armour Press, 1989

Ellis, Chris & Doyle, Hilary, *Panzerkampfwagen,* Kings Langley, Herts, Bellona, 1976

Feist, Uwe & Nowarra, H. J., *The German Panzers from Mark I to the Mark V Panther,* Fallbrook, Calif., Aero Publishers, 1966

Feist, Uwe, *Deutsche Panzer 1917–1945,* Fallbrook, Calif., Aero Publishers, 1978

Fey, Willi, *Panzer im Brennpunkt der Fronten,* München, 1960

Fürbringer, Herbert, *9. SS-Panzerdivision Hohenstauffen 1944: Normandie-Tarnopol-Arnhem,* Paris, Editions Heimdal, 1984

Gander, Terry, *Small Arms, Artillery and Special Weapons of the Third Reich,* London, Macdonald & Jane's, 1978

Grove, Eric, *German Armour 1939–1940: Poland and France,* New Malden, Almark, 1976

Grove, Eric, *World War II Tanks: The Axis Powers: Germany, Italy and Japan,* London, Orbis Publishing, 1978

Guderian, Heinz, *Panzer Leader,* London, Futura, 1974

Harris, J. P. & F. H. Toase, Hgg., *Armoured Warfare,* London, St. Martin's Press, 1990

Jentz, Tom, et al., *King Tiger,* (Osprey New Vanguard 1), London, Osprey, 1993

Kurowski, Franz, *Die Panzerlehrdivision,* Bad Nauheim, Podzun, 1964

Kurowski, Franz und Gottfried Tornau, *Sturmartillerie: Fels in der Brandung,* Herford, Maximilian, 1965

Kurowski, Franz und Gottfried Tornau, *Sturmartillerie 1939–45,* Stuttgart, Motorbuch, 1977

Lefevre, Eric, *Panzers in Normandy: Then and Now,* London: Battleline Books, 1984

Lefevre, Eric, *Battle of the Bulge: Then and Now,* London: Battle of Britian Ltd, 1984

Luther, Craig W. H., *Blood and Honour: the History of 12th SS Panzer Division 'Hitler Youth' 1943–1945,* San Jose, Kalif., Bender, 1987

Macksey, Kenneth, *Tank Warfare: A History of Tanks in Battle,* London, Rupert-Hart Davis, 1971

McLean, Donald B., *Illustrated Arsenal of the Third Reich,* Wickenburg, Ar., Normount Technical Publications, 1973

Meyer, Hubert, *Kriegsgeschichte der 12. SS-Panzerdivision „Hitlerjugend",* Osnabrück, Munin-Verlag, 1982

Mellenthin, F. W. von, *Panzer Battles: A Study of the Employment of Armour in the Second World War,* Norman, Ok., Oklahoma University Press, 1968

Müller-Hillebrand, Buckhardt, *German Tank Maintenance in WWII,* Washington, D.C., United States Government Printing Office, 1982

Nehring, Walther, *Die Geschichte der Deutschen Panzerwaffe 1916 bis 1945,* Berlin, Propyläen, 1969

Nowarra, Heinz. J., *German Tanks 1914–1968,* New York, Arco, 1968

Ogorkiewicz, Richard M., *Armour: The Development of Mechanised Forces and their Equipment,* London, Atlantic Books, 1960

Perret, Bryan, *Panzerkampfwagen IV,* (Osprey Vanguard 18), London, Osprey, 1980

Perret, Bryan, *German Light Panzers 1932–42* (Osprey Vanguard 33), London, Osprey, 1983

Ross, G. MacCleod, *The Business of Tanks,* Ilfracombe, Arthur H. Stockwell, 1976

Rütgen, Helmut, *Die Geschichte der Panzerlehrdivision im Westen,* Stuttgart, Motorbuch, 1979

Reynolds, Michael, *Steel Inferno: I SS Panzer Corps in Normandy,* New York: Sarpedon, 1997

Senger und Etterlin, Ferdinand M., *German Tanks of WWII: The Complete illustrated History of German Armoured Fighting Vehicles,* Harrisburg, Pa, Stackpole Books, 1969

Spielberger, Walter, *Panzerkampfwagen III* (Profile AFV No. 2), Windsor, Profile Publications, 1970

Spielberger, Walter, *Panzerkampfwagen IV* (Profile AFV No. 43), Windsor, Profile Publications, 1972

Spielberger, Walter J, *Beute-Kraftfahrzeuge und Panzer der deutschen Wehrmacht,* Stuttgart, Motorbuch, 1989

Weeks, John, *Men Against Tanks: The History of Anti-tank Warfare,* New York, Mason/Charter, 1975

White, B.T, *German Tanks and Armoured Fighting Vehicles, 1914–1945,* Shepperton, Ian Allen, 1966

REGISTER